Nine-to-five muss nicht sein!

———————————

Eine unfehlbare Anleitung zu finanzieller Freiheit
und sicherem Vermögensaufbau durch passives
Einkommen

von Christopher Klein

Trage Dich jetzt auf Indie-Bücher.de ein und erhalte regelmäßig Buchangebote zum Aktionspreis! Abonnenten erhalten E-Books in der Woche der Veröffentlichung für nur 0,99€ und Taschenbücher sogar zum Druckkostenpreis (versandkostenfrei)!

Außerdem halten wir Dich zu kostenlosem, exklusivem Bonusmaterial für dieses und weitere Bücher auf dem Laufenden.
100% kostenlos!

Sichere Dir jetzt unter www.indie-bücher.de/buchaktionen/ wertvolle Boni, exklusive Angebote und Megarabatte!

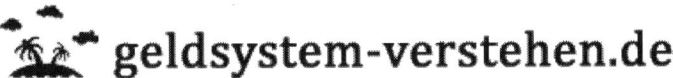

Trage Dich für unseren kostenlosen Finanz-Newsletter ein und nimm Deine Finanzen in die eigenen Hände!

Wir schicken Dir ca. einmal pro Woche wichtige Infos und Tipps im Finanzbereich (z.B. wie Du passives Einkommen und Vermögen aufbaust), tolle Angebote und Aktionen (z.B. unsere neuen Bücher zum Druckkostenpreis oder zu unseren Finanzkursen) und praktische Downloads (z.B. „Persönliche Finanzplanung in 5 Schritten", „Haushaltsbuch", „Vergleich der besten P2P Plattformen" oder „41 Wege, passives Einkommen zu generieren").

Tage Dich ein unter:
www.geldsystem-verstehen.de/finanziell-frei-werden

Ich würde mich freuen, Dich bei uns begrüßen zu dürfen!

Interesse an unserem gratis Kurs zu passivem Einkommen?
Hier entlang: https://elopage.com/s/chrisundjens

Bibliografische Information der Deutschen Nationalbibliothek
Die Deutsche Nationalbibliothek verzeichnet diese Publikation in der Deutschen Natio-
nalbibliografie; detaillierte Daten sind im Internet abrufbar über: > http://dnb.dnb.de <

Für Fragen und Anregungen:
chris@indie-bücher.de

9 to 5 muss nicht sein!
1. Auflage, 2017
© by GbR: Christopher Klein & Jens Helbig
Kirschgartenstr. 13, 90419 Nürnberg

Ein Imprint der
KLHE
GbR - Christopher Klein & Jens Helbig
Hortensienstraße 26, 40474 Düsseldorf
Verantwortlich für gewerbliche Dienste.

Buchsatz: Christopher Klein
Lektorat & Korrektorat: Carola und Friedhelm Klein, Andreas Höhne, Jens Helbig,
Bastian Back, Matthias Klarl
Cover: Stefan Valerio Meister → www.stefanvaleriomeister.de
ISBN-13: 978-3-947061-13-6

Weitere Informationen findest Du unter
https://www.amazon.de/-/e/B00LPWD4VY (Shop)
Besuche auch gerne unsere Webseite unter www.geldsystem-verstehen.de

Inhaltsverzeichnis

Vorwort

*„Als ich jung war, dachte ich, dass Geld das Wichtigste im Leben
ist und nun, da ich alt bin, weiß ich es."*
– Oscar Wilde

40 bis 50 Jahre arbeiten, um am Ende auf eine immer mickriger werdende Rente zu hoffen. Das ist in unserem Kulturkreis der herrschende Leitgedanke. Wir begeben uns dafür in ein Hamsterrad, das sich im Laufe der Zeit immer weiter beschleunigt. Ein halbes Leben lang tauschen wir 5 Tage Arbeit gegen 2 Tage Freiheit und ehe wir uns versehen, haben wir die letzte Etappe unseres Lebens erreicht – den wohl verdienten Ruhestand. Ein Lebenskonzept, das ich schon in der 8. Klasse in Frage stellte und das gerade jüngere Generationen immer seltener teilen. Dennoch begibt sich der Großteil in dieselbe Tretmühle wie ihre Eltern und Großeltern.

Warum?

Es fehlt sowohl von Zuhause aus, vor allem jedoch innerhalb des (Hoch-)Schulsystems, an der alles entscheidenden Geldbildung. Doch was sollen uns Eltern und Lehrer beibringen, wenn sie selbst kaum etwas über Geld, Vermögensaufbau, finanzielle Freiheit oder gar passives Einkommen wissen? Die einzige Exit-Strategie ist naturbestimmt. Uns bleibt nichts anderes übrig, als das Verhalten unserer Nächsten zu imitieren. Nicht wissend, werden wir in die Zwänge des Hamsterrads gesogen. Doch je mehr wir uns darin abstrampeln, umso weniger Zeit und Geld scheint dabei herumzukommen. Ein Dilemma, in dem über 90 Prozent der Bevölkerung steckt.

Dabei gibt es erprobte Strategien, die uns genau davor bewahren können. Das Zauberwort heißt passives Einkommen. Es ist der einzig realistische Weg, ein finanziell unabhängiges und von Geldsorgen freies Leben führen zu können.

7

Das ist schon lange kein Geheimnis mehr. Trotzdem nimmt weniger als ein Prozent der Bevölkerung diese Einkommensart in Anspruch. Man könnte fast meinen, sie zöge es freiwillig vor, sich in die lebenslange finanzielle Abhängigkeit zu begeben. Dabei müsste sie nur ab und zu eine kurze Extraschicht einlegen und den eigenen Geldbaum düngen.

Ich schicke deshalb gleich vorweg. Dieses Buch ist nichts für all jene, die lieber auf den „Lottogott" schimpfen, als fünf Minuten am Tag in den <u>aktiven</u> Aufbau passiver Einkommensströme zu investieren.

<u>Was Dich in diesem Buch erwartet?</u>
Mit den in den Kapiteln 6 bis 9 vorgestellten Strategien haben es Tellerwäscher zum Millionär gebracht. Auch geborene Milliardäre nutzen passives Einkommen, um ihr Vermögen nicht nur zu konservieren, sondern stetig zu vergrößern. Passives Einkommen ist aber kein Privileg der „Reichen und Schönen". Heutzutage gibt es eine ganze Reihe von Optionen, sich mit sehr wenig Startkapital, online wie offline, ein zweites (passives) finanzielles Standbein aufzubauen. Als Belohnung wartet nicht nur die triviale Aussicht mehr Geld zu haben und damit mehr konsumieren zu können. Damit würden wir uns ja wieder im Hamsterrad verwickeln. Für mich ist jeder Cent zusätzliches Einkommen wertvoll, da Geld in der herrschenden Wirtschaftsordnung das notwendige Mittel zur Freiheit ist. Mit 30 Jahren habe ich es, dank der in diesem Buch vorgestellten Strategien, zu einem 4-stelligen monatlichen passiven Einkommensstrom gebracht. Und ich weiß, dass diese Strategien der Schlüssel dazu sind, noch die ein oder andere Null dranzuhängen.

Mache Dich also gefasst darauf, Methoden kennenzulernen, die weder hochkomplex sind, noch wirtschaftliches Knowhow voraussetzen oder absurdes finanzielles Risiko bedeuten. Dieses Buch zeigt Dir, wie Du noch heute mit dem Aufbau passiver Einkommensströme startest und Dich Schritt für Schritt der finanziellen Freiheit näherst.

„Dies ist tatsächlich ein Handbuch. Es zeigt Schritt-für-Schritt,
wie man passives Einkommen aufbaut – und zwar ganz nach
persönlichem Geschmack. Großartig!"
- Leserstimme Martin M.

Martin ist einer der Testleser, der mich damit überrascht hat, wie schnell er das Konzept „Passives Einkommen" verstand, es umsetzen und damit triumphieren konnte. Es ist ein Beweis dafür, dass auch Du das kannst – und zwar schneller, als Du Dir momentan vorzustellen vermagst. Wenn Du den Tipps und Tricks aus diesem Buch folgst, hast Du alle Zügel in der Hand, Dir innerhalb weniger Wochen und Monate passives Einkommen aufzubauen. Doch das wird nur der Anfang Deines finanziell freien und von Geldsorgen unabhängigen Lebens sein!

<u>Warum ich? Und warum dieses Buch?</u>
Über viele Jahre habe ich mich mit dem Konzept „passives Einkommen" beschäftigt. Mein Interesse dafür entwickelte ich bereits während meines volks- und finanzwirtschaftlichen Universitätsstudiums. Besonders interessiert war ich an den immer wieder ähnlich ablaufenden Finanzkrisen. Warum wiederholen sich Krisen identisch, wenn gemäß der theoretischen Modellwelt doch alles reibungslos funktionieren müsste? Nach jahrelangen Recherchen veröffentlichte ich meine Antworten schließlich, gemeinsam mit Jens Helbig, in meinem ersten Buch „Tag auf Tag im Hamsterrad". Zu meiner Überraschung erreichte es sogar Bestsellerstatus. Darin fand ich die Schuldigen in unrealistischen Modellannahmen (Prämissen) und einem unfairen Wirtschafts- und Geldsystem. Meine Recherchen trieben mich sogar so weit, dass ich glaubte, eine kleine Finanzelite sei dabei, sich die ganze Welt unter den Nagel zu reißen. Zugleich war ich überrascht, wie intolerant sich doch viele meiner Kommilitonen dieser Problematik gegenüber verhielten. Das hatte ich zwar von karrieresüchtigen, linientreuen „Klischee-BWLern" erwartet, mich schockierte jedoch, dass auch die meisten meiner „normalen" Freunde aus dem Studium nichts davon wissen wollten. Meine Vermutung, dass wir durch das Studium zu perfekten

Hamstern für die große Tretmühle herangezüchtet werden sollten, erhärtete sich.

Das große Ziel des Systems scheint mir eine Generation von perfekten, nicht-hinterfragenden Arbeitstieren zu sein, die auch im Hinblick auf die persönliche finanzielle Situation kaum Eigeninitiative zeigt. Eine Generation, die durch mangelnde Geldbildung und überflüssigen Konsum in finanzieller Sklaverei gehalten wird und damit denkbar einfach zu kontrollieren ist. Und das nur, weil sie, trotz jahrzehntelanger schulischer Ausbildung, nicht über die wirklich wichtigen Informationen verfügt! Für die meisten meiner Freunde scheint der Weg daher alternativlos. 40 Jahre schuften, um Mitte Ende Sechzig aus dem Hamsterrad aussteigen zu können.

Ich beschloss etwas an meiner persönlichen, beruflichen und finanziellen Situation zu ändern. Statt weiter über andere Menschen oder Umstände zu schimpfen, begann ich mein finanzielles Leben selbst in die Hand zu nehmen. Genau zu dieser Zeit erreichte mich das Konzept „passives Einkommen". Der Gedanke, auch dann Geld zu verdienen, wenn der Rest der Welt im Tiefschlaf ist, zog mich sofort in seinen Bann. Ich stürzte mich in eine intensive Recherchephase und startete den praktischen Selbstversuch. Dieses Buch ist die kondensierte Form meines gesammelten Wissens und all meiner Erfahrungen. Eine Schritt-für-Schritt Anleitung für Menschen, die sich vom Gedanken „im Schlaf Geld zu verdienen", genauso magisch angezogen fühlen, wie ich.

„Man merkt, dass sich der Autor schon lange mit diesem Thema
beschäftigt und alles daran setzt, seinen Lesern so viel praktisches
Wissen wie möglich zu vermitteln. Der beste Ratgeber zu diesem
Thema in Deutschland – mit Abstand..!
- Andreas H.

Warte also nicht, dieses Buch zu lesen. Es könnte Dich nämlich nicht nur finanziell, sondern auch zeitlich frei machen! Alles was Du dafür tun musst, ist, die Gedanken aus diesem Buch umzusetzen. Es sind allesamt Strategien, die tausendfach erprobt sind, sich bewährt haben und funktionieren! Lasse mich auf diesem Weg zu Deinem Begleiter werden und Du wirst erfahren, wie Du dem Hamsterrad entkommen kannst. Dafür stehe ich Dir gerne auch persönlich zur Seite. Bei Rückfragen, Feedback oder allen anderen Fragen kannst Du mich immer unter *chris@indie-bücher.de* erreichen.

Du hast nichts zu verlieren, aber alles zu gewinnen!

Der Traum finanziell frei zu sein

„Das Geld gleicht dem Seewasser.
Je mehr davon getrunken wird, desto durstiger wird man."
- Arthur Schopenhauer

Stelle Dir vor, Du schaukelst in der Hängematte unter Palmen, an einem karibischen Strand. Das Rauschen des Meeres ist besser als jede Musik. Die frische Meeresbrise und der frische Mojito kühlen angenehm. Der Duft der salzigen Brandung vermischt sich mit auf Holzkohle gegrilltem Fisch, der gerade zu Deinem Mittagessen zubereitet wird und erst heute Morgen frisch gefangen wurde. Dazu gibt es gegrillte Frühlingszwiebeln, Maistortillas, frische Guacamole und Limetten.

Für die meisten Menschen ist das die Traumvorstellung von Freiheit. Freiheit und Unabhängigkeit von Geld und Zeit, die nur einer kleinen ausgewählten Elite vergönnt zu sein scheint. Die einzige Zeit des Jahres, da sie für uns auch nur entfernt Realität werden könnte, ist der Jahresurlaub.

Kaum jemand weiß jedoch, dass jeder Mensch, der finanziell frei und unabhängig ist, sein Einkommen auf die ein oder andere Weise passiv bezieht. Ob als Unternehmer, Investoren oder Vermieter, sie haben es geschafft, sich zusätzliche Einkommensquellen aufzubauen. Einkommensquellen, die auch dann Geld produzieren, wenn sie nicht aktiv arbeiten.

Beginnen wir also damit, dieses Geheimnis zu entmystifizieren und für uns zu nutzen!

Was ist finanzielle Freiheit?

„Man empfindet es oft ungerecht, dass Menschen,
die Stroh im Kopf haben, auch noch Geld wie Heu besitzen."
– Gerhard Uhlenbruck

Finanzielle Freiheit ist ein Konzept. Es zielt darauf ab, von dem Medium Geld freie Entscheidungen treffen zu können. Das ist wichtig, weil in der herrschenden Wirtschaftsordnung nahezu alle Entscheidungen an Geld gekoppelt sind. Das heißt, dass ohne finanzielle Freiheit wahre persönliche Freiheit nur schwer realisierbar ist. Aber wann hast Du finanzielle Freiheit erreicht?

Du kannst Dich als finanziell frei bezeichnen, wenn Du genügend passive (monatliche) Einnahmen erzielst, um damit Deinen Lebensunterhalt (Monat für Monat) zu sichern.

Zu diesem Zeitpunkt könntest Du theoretisch Deinen Job kündigen, und würdest trotzdem weiterhin genug Geld verdienen, um Deinen Lebensstandard halten zu können. Genausogut ist es möglich, dass Du mit steigenden passiven Einkommen immer weniger (aktiv) arbeiten musst.

Aber wie wird man finanziell frei?
   Den Weg der finanziellen Freiheit beschreitest Du, wenn Deine laufenden Kosten sich mehr und mehr durch von Dir erworbene bzw. selbst geschaffene Vermögenswerte finanzieren. Da der Faktor Lebenshaltungskosten allerdings von Person zu Person stark variiert, ist es unmöglich, dafür einen absoluten Wert anzusetzen. Entscheidend sind allein Deine monatlichen Kosten. Dazu zählen Darlehen, Kreditschulden, Miete, Nebenkosten, Telefon, Transport, Freizeit, Kultur, Kinder, Verpflegung, etc. Je nach familiärer Situation und abhängig von Deinem Lebensstandard ist dieser Betrag hoch oder niedrig. *Je niedriger er ist, umso einfacher und schneller kannst Du finanziell frei werden. Ist der Betrag relativ hoch, gilt es, Deine Ausgaben, parallel zum Aufbau passiver*

Einkommensströme, zu senken. Dadurch arbeitest Du an zwei Stellschrauben gleichzeitig und beschleunigst den Prozess.

<u>Wer ist finanziell frei?</u>
Es beeindruckt mich nach wie vor, dass nur ca. ein Prozent der Bevölkerung in finanzieller Freiheit lebt. Das entspricht in etwa dem Anteil der Millionäre in Deutschland (1,2 Mio.). Man könnte jetzt rückschließen, dass man dann finanziell frei ist, wenn man es auf ein Vermögen von mehr als einer Million Euro gebracht hat. Doch die Wahrheit könnte nicht weiter entfernt liegen.

Um grob zu evaluieren, ob Du der finanziellen Freiheit nah oder noch relativ fern bist, ist die so genannte 4-Prozent-Regel ein guter Orientierungspunkt. Sie besagt, dass Du finanziell frei bist, wenn Deine jährlichen Ausgaben nicht mehr als 4 Prozent Deiner Ersparnisse betragen. Das heißt, dass Du mindestens das 25-fache Deiner jährlichen Lebenshaltungskosten ansparen müsstest, um nie wieder arbeiten gehen zu müssen. Während dieses Ziel für die Meisten in unerreichbarer Ferne zu liegen scheint, können wir es durch passives Einkommen erreichen – und viel schneller als allgemein angenommen.

Bonus: Dieses Buch hält einige praktische Tools für Dich bereit. Mein erstes Hilfetool ist ein persönlicher Freiheitsrechner. Du kannst ihn jetzt mit einem Klick herunterladen. Mit ihm kannst Du Deine individuelle Freiheitszahl errechnen und beobachten, ob und wie Du ihr näher kommst. Der Zugangslink lautet: https://goo.gl/gt8hv9.

Warum Millionäre reich sind und wie sie es bleiben

„Es ist besser, einen Tag im Monat über sein Geld nachzudenken,
als einen ganzen Monat dafür zu arbeiten."
– John D. Rockefeller

Die meisten Menschen wissen nicht, weshalb auf unserem Globus die Reichen immer reicher und die Armen immer ärmer werden. Dabei steckt dahinter ein ganz einfaches Prinzip. Es geht darum, die Funktionsweise des Geldes und unseres Wirtschaftssystems zu verstehen!

Kapital ist die entscheidende Bezugsgröße in der herrschenden Wirtschaftsordnung. Solange keine umwälzenden Einschnitte vorgenommen werden, wird es ob seiner überlegenen Eigenschaften immer wertvoller als Waren und Dienstleistungen bleiben. Es kann per Angebot und Nachfrage über den (Geld-)Preis von Waren und Dienstleistungen entschieden werden. Doch auch Geld kann einen Preis haben. Das zeigen Aktienkurse, der Devisen- oder Derivatehandel und schon die einfache Kreditvergabe. Genau deshalb kommen wir nicht umhin, unsere finanzielle Freiheit an die Vermehrung von Geld über passive Einkommensströme zu knüpfen. Genau das ist das Prinzip der Reichen und führt direkt zur alles entscheidenden Frage:

Welche finanziellen Grundgesetze nutzen die Reichen?

Es gibt finanzielle Grundregeln. Sie zu verstehen ist das A und O eines finanziell erfolgreichen Lebens. Diese Grundregeln sind weder komplex noch schwer zu kapieren. Sie finden dennoch weder Gehör noch Anwendung. Ich nenne sie deshalb auch gerne die finanziellen Grundgesetze. Solange man sie einhält, führt man ein finanziell diszipliniertes Leben und erreicht früher oder später finanzielle Unabhängigkeit.

Finanzielles Grundgesetz # 1

Leider ist nur ganz wenigen Menschen klar, dass sie, auch wenn sie wenig verdienen, vermögend werden können. Uns wird von allen Seiten eingetrichtert, dass wir uns gar nicht erst bemühen sollen, das Thema der (persönlichen) Finanzen zu verstehen und erfolgreich zu bestreiten. Infolgedessen wird ein fundamentaler Grundsatz völlig außer Acht gelassen. Er lautet:

Gib' weniger aus, als Du einnimmst, bzw. nimm' mehr ein, als Du ausgibst.

Verschuldung ist gleichbedeutend mit dem finanziellen Hamsterrad. Man entfernt sich dadurch von finanzieller Freiheit. Starte daher damit, das erste finanzielle Grundgesetz konsequent, Monat für Monat, zu beherzigen - so trivial das klingen mag! Um die Einnahmenseite durch passives Einkommen kümmern wir uns anschließend.

Für Deinen Vermögensaufbau musst Du eigentlich nur einer einzigen einfachen Formel folgen:
Vermögen = (Einnahmen – Ausgaben) * Zinsen

Vermögen wird anhand dreier Faktoren definiert: Einnahmen, Ausgaben und Zinsen. Die Differenz aus Einnahmen und Ausgaben sind Deine Rücklagen (Ersparnisse). Alle drei Variablen gilt es zu optimieren, damit Du mithilfe passiver Einkommensströme mittelfristig finanziell frei wirst. Konkret heißt das:

→ Schritt #1: Ausgaben minimieren!
→ Schritt #2: Einnahmen maximieren!
→ Schritt #3: Rendite maximieren – bei angemessenem Risiko!

Um diesen Effekt zu verdeutlichen, soll ein fiktives Beispiel dienen:
Wenn Du 10 Prozent Deines Einkommens sparst und den Rest ausgibst
(ohne Schulden zu machen), müsstest Du neun Jahre arbeiten, um ein
Jahr von Deinen Ersparnissen leben zu können. Anschließend müsstest
Du wieder neun Jahre arbeiten, um Dir ein weiteres Jahr Auszeit
nehmen zu können. Für dieses Beispiel gehen wir von keiner Rendite
(Zinsen) auf Deine Sparbemühungen aus. Auf derselben Berechnungs-
grundlage müsstest Du – gleich bleibende Kosten vorausgesetzt – mit
einer Sparquote von 90 Prozent lediglich ein einziges Jahr arbeiten, um
anschließend neun Jahre von Deinen Ersparnissen leben zu können.
Die verantwortlichen Faktoren gilt es daher, mit den Schritten #1 bis
#3, zu optimieren.

Finanzielles Grundgesetz # 2

Die zweite Grundregel, der fundamentale Unterschied zwischen Vermögen und Verbindlichkeiten und eine entsprechende Aufteilung bzw. Investition des verfügbaren Einkommens, ist nicht einmal den meisten Wirtschaftsstudenten bewusst. Es stellt sich eine ganz einfache Frage: *„Was kaufst Du am Zahltag?"* Der Unterschied zwischen Arm und Reich besteht hauptsächlich in der Verteilung der Investitionen in Vermögenswerte und Verbindlichkeiten! Verbindlichkeiten und Vermögen kannst Du folgendermaßen unterscheiden:

Verbindlichkeiten kosten Geld. Vermögenswerte bringen Geld ein.

Verbindlichkeiten sind (laufende) Kosten. Vermögen sind (laufende) Einnahmen aus Einkommensströmen, für die in der Regel keine zusätzliche Arbeit mehr verrichtet werden muss. Der wichtigste Ansatz, um finanziell frei zu werden ist daher:

Minimiere Deine Verbindlichkeiten und maximiere Deine Vermögenswerte.

Auch das klingt einfach und trotzdem beherzigen diese Regel nur Wenige. Genau deshalb bezeichne ich beide Grundsätze auch als Geldgesetze. Wenn man sich nicht an Recht und Gesetz hält, wird man in aller Regel bestraft. Diejenigen, die diese Geldgesetze aber beherzigen, sind (oder werden) finanziell frei! Das klingt logisch. Meistens herrscht beim qualitativen Inhalt der Begriffe jedoch Verwirrung. Die Mehrheit der Menschen nimmt fälschlicherweise an, sie sei vermögend. Bei genauerer Betrachtung zeigt sich aber, dass das vermeintliche Vermögen aus einer oder mehreren versteckten Verbindlichkeiten besteht. Viele Menschen bezeichnen z. B. ein Auto als Vermögen. In Wahrheit verstecken sich dahinter Verbindlichkeiten (Kosten) wie Steuern, Reparaturen, Versicherungen, Benzin etc.

<u>Weitere typische Verbindlichkeiten sind:</u>
- Das Eigenheim mit Neben- und Instandhaltungskosten.
- Miete.
- Abonnements (Zeitungen, Magazine, Sky, Netflix, Handyverträge, Spotify, etc.).
- Kredite (vor allem Konsumkredite!).
- Monatliche Grundgebühren aller Art.
- Girokonto mit Kontoführungsgebühren.
- Steuern bzw. Steuernachzahlungen, etc.

Wahre Vermögensgegenstände hingegen bringen entweder laufend Geld ein oder halten ihren Wert, gemessen durch die Kaufkraft. Dazu zählen:

- Passive Einnahmen aus Lizenzen oder Tantiemen.
- Passive Einnahmen aus Aktiengewinnen oder Dividenden.
- Passive Einnahmen aus Zinsen auf Sparguthaben, Tagesgeld, Anleihen, P2P-Krediten, etc.
- Passive Einnahmen aus Mieteinnahmen.
- Passive Einnahmen aus einem Internet-Business.
- Passive Einnahmen durch Immobilienverkäufe (Spekulationsgewinne).

Die bittere Wahrheit? Solange Du diese Unterscheidung nicht kennst, wirst Du niemals finanzielle Freiheit erreichen! Ich weiß, dieser Erkenntnisprozess kann schmerzhaft sein. Deshalb solltest Du folgende Aussage verinnerlichen. Sie wird Dich garantiert motivieren, Deine finanzielle Situation in die Hand zu nehmen und zu verbessern:
Das während der Woche - im Tausch gegen wertvolle Lebenszeit - hart erarbeitete Geld wieder auszugeben, ist die sichere Strategie für lebenslange finanzielle „Knechtschaft".

Finanziell freie Menschen tun genau das Gegenteil. Sie investieren einen Teil (häufig den Großteil) des hart erarbeiteten Lohnes oder Einkommens <u>schon am Monatsanfang</u> in Vermögenswerte (passives Einkommen). Sie legen ihr Geld in Dinge an, die im Laufe der Zeit, unabhängig vom eigenen Aufwand, zunehmend mehr Geld generieren. Sie nutzen damit die Vorzüge des Systems. Orientiere Dich in diesem Punkt also ruhig an den finanziell freien Menschen:

Stecke weniger Geld in Verbindlichkeiten. Dazu zählen in der Regel Konsumgüter, die man nicht zum Überleben benötigt. Investiere im Gegenzug mehr Geld in Vermögensgegenstände, also Dinge, die Dir regelmäßig zusätzliches Geld auszahlen.

Deine finanzielle Freiheit ist abhängig davon, wie viel und worin Du Dein Geld am Zahltag „investierst". Jeden Monatsanfang stellt sich somit die Frage: *(Unnötiger) Konsum oder eine Zukunft mit zeitlicher und finanzieller Freiheit?*

22

Geld und Lebenszeit

Es muss ein Defekt sein, in Geldwert zu denken,
wenn die Währung Leben heißt.
- Else Pannek

Über die Jahre habe ich eine veränderte Sichtweise gegenüber Geld gewonnen. Obwohl nicht schwer zu verstehen, ist sie dennoch kaum jemandem bewusst. Für mich hat Geld vor allem zwei wichtige Bedeutungen:

- Es ist Katalysator, „Erleichterer", „Möglichmacher" und
- ein Äquivalent für (freie) „Lebenszeit".

Geld kann somit auch als Recheneinheit für (freie) Lebenszeit dienen. Benjamin Franklin prägte 1748 das scharfsinnige Zitat: *„Zeit ist Geld"*. Vor nicht allzu langer Zeit fügte der ehemalige uruguayische Präsident José Mujica (bis 01. März 2015 im Amt) diesen Worten eine philosophische Bedeutung hinzu. Er sagte:

„Um zu leben, braucht man Freiheit. Und um Freiheit zu haben,
braucht man Zeit. Wenn ich mich um ein großes Haus kümmern
muss, um dieses und jenes, dann bleibt mir doch keine Zeit mehr.
Ich bevorzuge, so viel Zeit wie möglich zu haben, um das zu tun,
was mir gefällt. Und das ist die Freiheit. Ich lebe so schlicht, um
Zeit zu haben."

Beide Aspekte zeigen, dass Geld nur Mittel zum Zweck ist. Mit Geld ist man in der Lage, sich (fast) alles anzueignen. Doch im Tausch für das Geld mussten wir Lebenszeit investieren. Wir mussten für das Geld arbeiten, das wir anschließend gegen Produkte oder Dienstleistungen tauschen wollen. Auf dieser tieferen Ebene betrachtet, tauschen wir bei einem Kauf nicht Geld, sondern unsere Lebenszeit ein. Dies ist nur dann nicht mehr der Fall, wenn wir Geld passiv erwirtschaften, wir es also auch dann verdienen, wenn wir gerade nicht aktiv arbeiten. Sobald Du beginnst, Geld als Äquivalent für Lebenszeit zu betrachten, werden sich Deine Einstellung und häufig auch Deine Konsumgewohnheiten dramatisch verändern.

Aktives vs. passives Einkommen

„Die besten Dinge im Leben sind nicht die,
die man für Geld bekommt."
– Albert Einstein

Mit dem Vergleich von Geld und Lebenszeit nähern wir uns dem zentralen Inhalt dieses Buches. Bevor ich Dir aber praktische Möglichkeiten aufzeige, wie Du passives Einkommen aufbauen kannst, müssen wir es genau definieren und von aktivem Einkommen abgrenzen. Bitte überspringe diesen Teil nicht, sondern bleibe geduldig. Sobald Du die grundlegende Funktionsweise und die Vorteile passiven Einkommens einmal verstanden hast, wirst Du geistig einen finanziellen Quantensprung machen.

Ich möchte dieses Kapitel mit einer interessanten Gegenüberstellung starten. Es soll Dich für den weiteren Weg inspirieren und motivieren.

	Lebenszeit vermieten = 95 % der Bevölkerung	Lebenszeit besitzen = 5 % der Bevölkerung
Aktives Einkommen	Selbstständige & Angestellte	Unternehmer
Passives Einkommen	-----------------------	Unternehmer & Investoren

Aktives Einkommen

Mehr als 95 Prozent aller Menschen arbeiten für aktives Einkommen. Egal ob das Gehalt als Angestellter oder das Einkommen als Selbstständiger, alle aktiven Einkommensarten eint ein gemeinsamer Nenner.

Aktives Einkommen beschreibt einen Austausch von Lebenszeit (Arbeit) gegen Geld.

Egal, ob Du als Angestellter oder Selbstständiger tätig bist, Du tauschst Lebenszeit – in Form aktiver Arbeit – gegen Geld. Du wirst nur dann bezahlt, wenn Du auch arbeitest. Das gilt für Selbstständige ganz besonders. Angestellte haben gegenüber Selbstständigen den Vorteil, auch während des Urlaubs und während begrenzter Krankheitszeiträume Lohn beziehen zu können. Sowohl angestellt als auch selbstständig Beschäftigte sind in ihren Verdienstmöglichkeiten jedoch beschränkt. Diese Beschränkungen sind es, die passives Einkommen so attraktiv machen. Die Limitierungen aktiven Einkommens sind:

<u># 1 – Mehr oder bessere Arbeit bedeutet nicht unbedingt mehr Geld</u>
Aktives Einkommen limitiert Dich in Deinen Verdienstmöglichkeiten. Du hast natürlich die Möglichkeit, in Deinem Job besser zu werden und dadurch Dein Gehalt bzw. Deinen Stundenlohn zu verbessern. Besonders gerne gesehen sind (unbezahlte) Überstunden oder der Besuch von Fortbildungen. Selbst wenn Du Deine Position innerhalb des Unternehmens verbesserst, eine neue, sehr viel besser bezahlte Stelle annimmst, oder einen neuen besser zahlenden Kunden gewinnst, sind die Gehaltssteigerungen dennoch langsam und stetig. Zudem gibt es mit gewissen Fähigkeiten im Arbeitsmarkt Grenzen für Gehalt bzw. Stundensatz.

2 – Je mehr wir arbeiten, umso weniger Zeit bleibt für Wachstum

Mehr Arbeit bedeutet zugleich, dass Du weniger Zeit für Dein persönliches bzw. berufliches Wachstum hast. Damit begrenzt Du die vielfältigen Möglichkeiten, die Dir persönlich und beruflich offen stehen. Wachstum ist eine der essentiellen Komponenten eines zufriedenen und erfüllten Lebens. Solange wir wachsen, bewegen wir uns vorwärts. Stehen wir still, fallen wir zurück.

3 – Du kannst nicht mehr arbeiten als 24/7

Der Tag hat nicht mehr als 24 Stunden und die Woche nicht mehr als 7 Tage. Außerdem braucht unser Körper Ruhe- und Entspannungsphasen, um nicht schlapp zu machen. Diese biologische Tatsache begrenzt Deine Verdienstmöglichkeiten. Du kannst nur eine gewisse Zeit Mehrarbeit leisten, weitere Nebenjobs annehmen oder einige Stunden Schlaf reduzieren. Das heißt, Du verdienst mit mehr Arbeit zwar relativ schnell mehr Geld, bleibst jedoch immer biologisch und zeitlich begrenzt. Auch als Selbstständiger kannst Du maximal nur 16 Stunden am Tag Aufträge bearbeiten – und das wird Dir Dein Körper früher oder später heimzahlen.

4 – Du arbeitest für jemand Anderen

Bist Du Arbeitnehmer, kommen Dir die Früchte Deiner Arbeit nur zum Teil zu Gute. Schließlich will Dein Arbeitgeber einen Gewinn erzielen und mit einem Teil des Gewinns Deinen Arbeitsplatz erhalten. Als Selbstständiger sieht dieses Verhältnis etwas besser aus. Immerhin legst Du den Wert Deiner Arbeit durch Deinen Stundenlohn selbst fest. Dennoch bist Du auf Deine Kunden angewiesen und arbeitest auch in diesem Fall für jemand Anderen. In beiden Fällen verpufft ein Teil Deiner Bemühungen..

Achtung! Das heißt nicht, dass Du Deinen Job oder Deine Selbstständigkeit an den Nagel hängen sollst. Diese Gründe sollen Dir nur aufzeigen, dass Dein Einkommen aus aktiver Arbeit begrenzt ist und es an der Zeit ist, nach komplementären Wegen Ausschau zu halten, Dein Einkommen zu erhöhen. Genau hier kommt passives Einkommen ins Spiel.

Passives Einkommen

„Kapitalbildung muss durch Eigeninteresse angetrieben werden.
Man kann Vermögen nicht mit Wohlwollen anlocken."
- Walter Bagehot

Passives Einkommen unterscheidet sich in diesen Aspekten fundamental von aktivem Einkommen. Die Limitierungen des aktiven Einkommens werden bei seinem passiven Gegenpart überwunden.

Passives Einkommen heißt einfach gesagt, dass Du Geld beziehungsweise Deine Ressourcen für Dich arbeiten lässt, statt mit Deinen Ressourcen für Andere zu arbeiten. Das hat zur Folge, dass Dir passives Einkommen erlaubt, Geld zu verdienen, ohne dafür arbeiten zu müssen. Gerade zu Beginn sind aber Zeit und Aufwand notwendig, passive Einkommensströme aufzubauen. Sobald sie ins Rollen kommen, wirst Du dafür zunehmend weniger arbeiten (müssen) und immer mehr verdienen. Auf mittlere und lange Sicht zahlt sich diese Investition immer aus.

Aber was macht passives Einkommen aus? Worin ist seine Überlegenheit begründet? Es sind vor allem die Eigenschaften Automatisierbarkeit und Skalierbarkeit, die für den entscheidenden Unterschied sorgen.

Automatisierbarkeit

Passives Einkommen ist Einkommen, das von Deiner eigentlichen Arbeitsleistung zeitlich entkoppelt ist. Das heißt, dass Du für Deine Arbeit – im Gegensatz zu aktivem Einkommen – nicht unmittelbar entlohnt wirst (und möglicherweise sogar nie!). Vielmehr schaffst Du mit Deiner zeitlichen Investition Werte, die von Anderen konsumiert bzw. in Anspruch genommen werden. Die Bezahlung durch passives Einkommen erfolgt somit verzögert. Dies solltest Du bei Deinem Vorhaben unbedingt beachten!
Dafür bietet die zeitliche oder finanzielle Investition in passives Einkommen die Chance, durch eine einmalige Arbeitsleistung, ein Leben lang (automatisiert) Geld zu verdienen.

Skalierbarkeit

Beim Aufbau eines passiven Einkommensstroms geht es nicht ausschließlich darum, Geld zu verdienen, während Du schläfst. Vielmehr ist Dein Ziel, sukzessive den Lohn pro Stunde zu erhöhen. Am Ende des Tages zählt im „Rennen zur finanziellen Freiheit" nämlich nicht einzig und allein, wie viel Du im Monat absolut verdienst. Es zählt sehr viel mehr, wie hoch Dein Lohn pro Arbeits- oder Lebensstunde ist und ob Du in der Lage bist, diesen (mit oder ohne zusätzliche Arbeit) beliebig weiter zu erhöhen!

Passives Einkommen lebt von der Skalierung der Arbeitsleistung. Mithilfe später vorgestellter Strategien, kannst Du einmalig investierte Arbeitszeit unendlich oft verkaufen, bzw. für einmalig investiertes Kapital unendlich lange Zahlungen erhalten. Je mehr Zeit und/oder Kapital Du in passives Einkommen investierst, umso größer wird auch der Skalierungsfaktor. Genau diese exponentiell verlaufende Funktion nutzen wir, wenn wir passives Einkommen beziehen.

Beispiel:
Man stelle sich nur eine Band vor, die vor 20 Jahren ein „one Hit Wonder" gelandet hat. Sie erhält dafür noch heute Tantiemen, und zwar jedes Mal, wenn ihr Song im Radio gespielt wird – lebenslang. Oder stelle Dir eine Oma vor, die vor 50 Jahren VW-Aktien erworben hat. Ihr Geld hätte sich heute, durch Dividenden und Kursgewinne, vervielfacht. Das schöne am passiven Einkommen ist, dass es unendlich skaliert werden kann.

Worauf solltest Du ein besonderes Augenmerk legen?
Skalierung erfolgt durch Multiplikation beziehungsweise exponentielle Vergrößerung. Ich weiß, das klingt ziemlich abgehoben, ist aber gerade für Dein finanzielles und berufliches Leben ungemein wichtig. Ohne Skalierung funktioniert der Aufbau passiven Einkommens nur bedingt. Es geht darum, Deine einmalig investierte Zeit zu „speichern" oder zu

„multiplizieren". Ist eine Tätigkeit abgeschlossen oder ein Projekt beendet, ist Deine Zeit darin verschluckt und Deine eingebracht Arbeitskraft nicht mehr länger ersichtlich. Hättest du diese investierte Zeit jedoch, z. B. in Form eines Videos, einer Audioaufnahme oder einer schriftlichen Zusammenfassung, konserviert, könntest Du diese Expertise nun (unendlich oft) weiterverkaufen. Dasselbe gilt für investiertes Kapital. Einmal investiert, kann es sich praktisch unendlich häufig vermehren.

Gerade die Konservierung geleisteter Arbeitszeit kommt aus meiner Sicht in einer digitalisierten Welt noch immer zu kurz. Wissen und Erfahrung gehen verloren, weil wir diesen Übergang, von analog zu digital, geistig noch nicht verarbeitet haben. Das wiederum sorgt für redundante Tätigkeiten, schlicht, weil eine (digitale) Dokumentation fehlt. Dabei könnten wir gerade in diesem Bereich, überall auf der Welt, enorm viel Zeit gewinnen und unnötige Arbeitsschritte reduzieren. Das würde die Produktivität erhöhen und zudem für ein gesünderes Wirtschaftswachstum sorgen.

Was passives Einkommen nicht ist

Werde jetzt aber nicht zu euphorisch! Denn eines der größten Missverständnisse in Bezug auf passives Einkommen ist, dass es Geld sei, für das man nicht (mehr) arbeiten muss. Vor allem zu Beginn wirst Du, je nachdem, für welche passive Einkommensart Du Dich entscheidest, mehr oder weniger viel und hart dafür arbeiten müssen. Denke stets daran, dass sich passives Einkommen vor allem durch Automatisierung und Skalierung auszeichnet.

Bei Kapitalinvestitionen nutzt Du die Wirkung von Skalierung am effizientesten. Dafür muss Dir allerdings auch freies Kapital zur Verfügung stehen. Bei passivem Einkommen durch aktive Arbeit hingegen, musst Du vor allem zu Beginn Zeit und Arbeit investieren. Die meisten passiven Einkommensquellen verlangen darüber hinaus eine regelmäßige Beobachtung und Überprüfung. Häufig trocknet der Fluss des passiven Einkommens nämlich aus, sobald Du nicht mehr weiter Energie, sprich Zeit und Arbeit, investierst.

Passive Einkommensquellen aufzubauen kann möglicherweise viel härter sein, als für aktives Einkommen zu arbeiten. Doch das sollte Dich unter keinen Umständen abschrecken.

Bei passivem Einkommen arbeitest Du bzw. Dein Geld ausschließlich für Dich. Deine Bemühungen fließen zu 100 Prozent in Deine Taschen und Du musst Deine Leistung nicht mit Anderen, zum Beispiel Aktionären, die einen Teil des Unternehmensgewinns abschöpfen, teilen. Beginne daher, Dich als Entrepreneur für passives Einkommen zu sehen. Du bist ein Unternehmer, der dabei ist, sich einen kleinen Geldbaum zu züchten. Wie jede Pflanze benötigt auch Dein Geldbaum gerade zu Beginn Deine volle Aufmerksamkeit, Zeit und Hingabe. Im Laufe der Zeit bildet er jedoch ein kräftiges Wurzelwerk aus und wächst zu einem stabilen Stamm mit vielen Ästen und unendlich vielen Blättern heran. Je länger Du Deinen Geldbaum pflegst, umso mehr Geldscheine wird er hervorbringen und umso stabiler wird er später sein. Dann kommt er vielleicht sogar ganz ohne Deine Hilfe aus.

Zum Verständnis habe ich eine Grafik angefertigt, die den Unterschied zwischen aktivem und passivem Einkommen veranschaulicht.

Auf der y-Achse (links) sind fiktive Zahlenwerte für Dein Einkommen (in Tausend Euro) angegeben. Auf der x-Achse findest Du den Zeitverlauf (in Jahren).

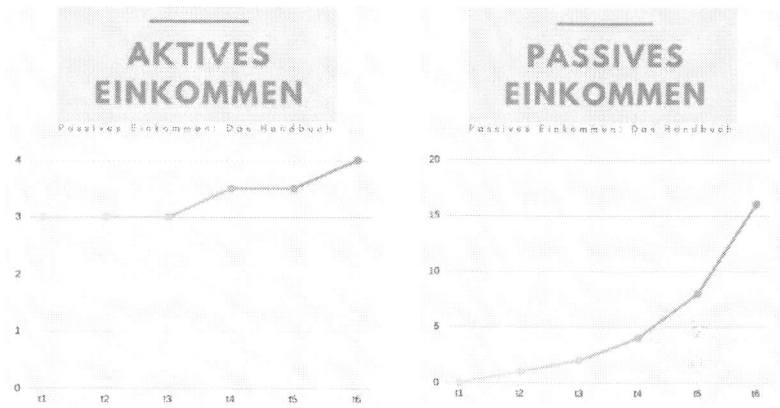

Auf den ersten Blick sollte ersichtlich sein, dass aktives Einkommen, als Angestellter bzw. Selbstständiger, von Dir zwar positiv beeinflusst werden kann, eine Steigerung jedoch langsam und schrittweise abläuft. Dafür steigst Du bereits auf einem gewissen Niveau ein. Die Grafik des passiven Einkommens zeigt, dass sich Deine monetären Belohnungen gerade während der Aufbauphase in Grenzen halten. Du beginnst bei Null. Mit fortlaufender Zeitdauer nimmt die Kurve dann jedoch einen exponentiellen Verlauf an und Dein monatliches Einkommen strebt – abhängig von Deinen Zielen und Bemühungen – gegen unendlich.

Viele Wege führen nach Rom

„Wer an einem Tag reich werden will,
wird in einem Jahr gehängt werden."
- Leonardo da Vinci

Als ich begann, mich mit passivem Einkommen zu beschäftigen, fehlte mir häufig ein praktikabler Überblick über die verschiedenen Möglichkeiten und deren zeitliche Einordnung. Schließlich gibt es schnelle und langwierige Wege, sich einen passiven Einkommensstrom aufzubauen. Einige sind mit Risiko behaftet, während andere zum Nulltarif erzeugt werden können.

In diesem Kapitel stelle ich Dir zunächst 4 wichtige Variablen vor. Sie finden sich im abschließenden Unterkapitel in einer Matrix wieder. Sie sind die Basis für Dein Unterfangen „passives Einkommen" und sollen als Entscheidungshilfe dienen.

Kurzfristiges vs. langfristiges Engagement

Die erste Unterscheidung innerhalb der vielen passiven Einkommensarten kann man anhand der Risikobereitschaft und Zeitspanne treffen. Je nachdem, ob man risikofreudig oder risikoscheu ist, sollte man unterschiedliche Einkommensströme anstreben.

Wie im vorherigen Kapitel dargestellt, braucht jedes passive Einkommen Zeit, um seine volle Wirkung entfalten zu können. Nichtsdestotrotz gibt es Ansätze, die schneller, größere Einkommensströme versprechen, aber auch das Risiko beinhalten, nicht das gewünschte Ergebnis zu erzielen. Auf der anderen Seite sind es vor allem die langfristigen Kapitalinvestitionen, die großen finanziellen Erfolg versprechen, dafür aber auch häufig erst nach einigen Jahren wirklich an Fahrt gewinnen.

Vor allem aktives passives Einkommen, das online verdient wird, kann in sehr kurzer Zeit zu einem extrem lukrativen Einkommensstrom werden – die Online-Selbstständigkeit. Ob als sogenannter „Sidepreneur", neben dem derzeitigen Job oder Studium, oder in Vollzeit. Wenn Du passives Einkommen online, mit aktiver Arbeit, aufbauen willst, befindest Du Dich auf der Schnellstraße zur finanziellen Freiheit. Allerdings musst Du auf einer Schnellstraße enorm aufmerksam sein. Sobald Du die Konzentration verlierst, kommst Du vom Weg ab und die Konkurrenz zieht an Dir vorbei.

Insofern solltest Du Dir schon zu Beginn die Frage stellen, wie viel Zeit Du bereit und überhaupt in der Lage bist, in Dein Projekt zu investieren. Hier gilt ganz eindeutig: Je mehr, umso besser!

Online vs. Offline

In der Regel hört man von passivem Einkommen durch kleine Online-Unternehmen. Ob als „Affiliate-Marketer" oder durch den Vertrieb eines digitalen Produktes, vor allem die jüngere Literatur konzentriert sich verstärkt darauf, wie man passives Einkommen im Onlinebereich erzeugen kann. Das liegt hauptsächlich an der Tatsache, dass Online-Entrepreneurship gleich mehrere Vorteile aufweist. Es optimiert die drei Faktoren, die von Prof. Dr. Günter Faltin als fundamental für den Unternehmenserfolg bezeichnet werden. Ein Online-Business ist:

- risikominimiert,
- skalierbar und automatisierbar
- und verursacht nur geringe Kosten.

Insofern bietet es den perfekten Einstieg, Dich als Unternehmer zu beweisen und dabei einen wachsenden passiven Einkommensstrom aufzubauen. Mit einem Online-Business kannst Du Deine Arbeitszeit bzw. Deinen Arbeitslohn skalieren. Auch Onlinewerbung ist (noch) relativ günstig. Außerdem kannst Du mit Deinem kleinen Online-Business auch dann Geld verdienen, wenn der Rest der Welt schläft. Als Online-Entrepreneur bist Du zudem auch dann finanziell abgesichert, wenn Du gekündigt wirst, oder Dir eine längere Auszeit nehmen willst..

Die Matrix aller Möglichkeiten

Damit sind wir bereits an einem entscheiden Punkt dieses Buches angelangt. Ich denke, die wichtigsten Prinzipien sind klar geworden. Die folgende Grafik zeigt Dir genau, welche passive Einkommensquelle für Dich und Deine individuellen Präferenzen mehr Sinn macht.

Deine Entscheidungs-matrix	Passives Einkommen: Online	Passives Einkommen: Offline (Investitionen)
Eigenschaften	• Meist zeit- und arbeitsintensiv • wenig Kapital erforderlich • rasche finanzielle Erfolgsaussichten	• Meist wenig zeit- und arbeitsintensiv • (viel) Kapital notwendig • langfristige Strategie

Wie Du am Ende des Buches sehen wirst, kann man selbstverständlich auch beide Einkommensströme parallel aufbauen. Für mich ist das die wahre Masterstrategie.

Bonus-PDF: 41 Strategien, passives Einkommen zu generieren

Eine genaue Beschreibung aller 41 Strategien, passives Einkommen zu generieren, kannst Du in meinem Bonus-PDF einsehen. *„41 Wege, passives Einkommen zu generieren"* kannst Du hier herunterladen:

http://upvir.al/29360/passives-einkommen

Wenn sich auch noch zwei weitere Deiner Freunde für dieses Buch eintragen, bekommst Du übrigens den Bestseller meines Partners, Jens Helbig, *„Geld verdienen im Internet und offline"* gratis!

Ressourcen für den Aufbau passiven Einkommens

„Es stimmt, dass Geld nicht glücklich macht.
Allerdings meint man damit das Geld der anderen."
- George Bernard Shaw

Wir sind nun kurz davor richtig durchzustarten. Zuvor müssen wir allerdings noch einen Blick auf die notwendigen Ressourcen richten. Ich sehe den Aufbau passiven Einkommen wie das Einsetzen des Samens eines persönlichen Geldbaums. Dieser Samen muss, damit er aufgeht, geduldig gegossen werden. Gerade zu Beginn müssen wir uns gut um unser Bäumchen kümmern. Es hat noch kein Wurzelwerk ausgebildet und ist noch sehr labil. Später ändert sich das. Je stärker und stabiler unser Geldbaum wird, umso besser und selbstständiger wächst und gedeiht er auch ohne unsere Hilfe. Lasse uns daher gemeinsam einen Blick auf die materiellen und immateriellen Ressourcen werfen, die Du für den Aufbau eines passiven Einkommens unbedingt benötigst.

Mache Dir am besten Notizen, während Du dieses Kapitel liest. Überlege Dir, wie Du Dir mehr von der jeweiligen Ressource aneignen wirst. Je mehr Zeit und Geld Du in den Aufbau Deines passiven Einkommens steckst, umso stärker wird die Dynamik und umso größer die passiven Einkommensströme.

Zeit

„Die meisten Menschen überschätzen,
was sie in einem Jahr erreichen können und unterschätzen,
was sie in 10 Jahren erreichen können.“
- Anonym

Lebenszeit ist die kostbarste Ressource, die wir besitzen. Leider denken wir nur viel zu selten daran. Wenn überhaupt, wird uns diese Tatsache zumeist durch Grenzerfahrungen oder beim Jahreswechsel bewusst.

Der Zusammenhang von Zeit und passivem Einkommen ist hochinteressant. Wir benötigen vor allem Zeit, um uns passives Einkommen aufzubauen. Zeit, die uns meist erst nach einiger Zeit wieder zurückbezahlt wird. Das entspricht dem Grundgesetz der Reziprozität, das besagt: *„Du bekommst, was Du gibst."* Sobald wir einen monatlichen passiven Einkommensstrom aufgebaut haben, der unsere monatlichen Kosten deckt, gewinnen wir absolute Zeitsouveränität. Ein Ziel, das durch aktives Einkommen fast nicht zu erreichen ist. Der einzige Weg, die zu erreichen, wäre, genügend Geld auf einem Konto zusammen-sparen, um davon den Rest des Lebens mit einem gewissen Lebens-standard finanzieren zu können. Das ist in Anbetracht einer stetig stei-genden Inflationsrate allerdings nur schwer zu realisieren.

Zeitsouverän zu werden, indem Du durch einen monatlichen passiven Einkommensstrom die Kontrolle über Deine Zeit wiedergewinnst, ist, aus meiner Sicht, das erstrebenswerte Ziel finanzieller Freiheit – nicht das Geld per se.

Gemäß dem Gesetz der Reziprozität müssen wir, um Zeitsouveränität zu erlangen, gerade zu Beginn, Zeit investieren. Dabei ist zu beachten, dass der Umfang der Zeitinvestition, je nach passiver Einkommensart, sehr stark voneinander abweichen kann. Passives Einkommen durch ein Online-Business zu erzielen ist das zeitintensivste Projekt. Auf der anderen Seite verspricht es nicht nur den größten, sondern auch den unmittelbarsten finanziellen Erfolg. Dahingegen sind einfache Kapitalinvestitionen meist mit einem geringen Zeitaufwand verbunden. Dafür versprechen sie aber erst mittelfristig profitable finanzielle Gewinne. Sobald der Zinseszins-Effekt jedoch einsetzt, verstärkt sich diese Entwicklung exponentiell.

Was willst Du?
Es stellt sich die Frage, ob Du bereit bist, Deine freie Zeit für den Aufbau eines passiven Einkommens zu investieren? Das verlangt nämlich von Dir, dass Du vor oder nach Deiner täglichen Tätigkeit (Schule, Studium, Arbeit) Zeit und Arbeitskraft in Dein Projekt stecken musst. Du musst Dich bereit erklären, einen Teil Deiner Freizeit in Dein Projekt „Passives Einkommen" zu stecken! Je mehr Zeit, Kraft und Anstrengung Du aufwendest, umso größer ist auch die finanzielle Belohnung.

Die zeitliche Investition eint im Übrigen alle heute erfolgreichen und wohlhabenden Menschen. Sie sind nicht erfolgreich geworden, indem sie auf der faulen Haut lagen, sondern nur dadurch, dass sie überdurchschnittlich viel (freie) Zeit in ihr Unterfangen investiert haben. Sie waren bereit, die Freizeit heute, gegen zeitliche Freiheit in der Zukunft einzutauschen. Der ein oder Andere erntete sogar erst viele Jahre später die Lorbeeren für den „Verzicht".

Leg sofort los!
Nimm Dir daher vor, morgens oder abends, vor oder nach Deiner regulären Tätigkeit, Zeit in den Aufbau Deiner passiven Einkommensströme zu investieren. Ein ambitionierter, realistischer Beginn ist schon mit einer Stunde täglich möglich. Daraus kumuliert sich in einer Woche bereits ein ganzer Arbeitstag. Im Verlauf eines Jahres werden daraus schließlich 52 Arbeitstage. Das entspricht zwei Monaten Vollzeitjob! In dieser Zeit kannst Du enorm viel erreichen. Dabei kommt es vor allem auf die Kontinuität an. Genau deshalb solltest Du Dein Projekt „Passives Einkommen" unbedingt in Deine tägliche Routine einbauen. Kontinuierliche, tägliche Arbeit ist der beste (und manchmal sogar einzige) Garant für Erfolg.

Wer bereit ist, Veränderungen in seinem Leben vorzunehmen, wird auch erfolgreich. Es verwundert mich immer wieder, dass viele Menschen erwarten, dass dieselben Handlungen plötzlich andere Resultate hervorbringen sollen! Das ist nicht nur völlig unrealistisch, sondern auch dauerhaft demotivierend. Schließlich erreichen wir unsere Ziele auf diese Weise niemals. Starte also mit kleinen aber kontinuierlichen Schritten und sei Dir im Klaren, dass Wachstum Zeit braucht. Je mehr praktische Erfahrungen Du sammelst, umso einfacher und automatisierter wird sich Dein Vermögen vergrößern.

Eine kleine Analogie
Dein Nachbar beobachtet Dich, wie Du einen Samen in den Boden pflanzt und mit Erde und Asche bedeckst. Vier lange Jahre gehst Du, Tag für Tag, mit einer Gießkanne aus dem Haus und wässerst den schwarzen Fleck Erde. Schon nach einigen Monaten ist Deinem Nachbarn klar, dass Du wohl geistig verwirrt sein musst. Doch dann, nach vier langen Jahren unermüdlichen Gießens, passiert es plötzlich. Ein kleines, zartes Pflänzchen bahnt sich seinen Weg durch die Oberfläche. Die nächsten 3 Monate kann er seinen Augen kaum trauen. Das unscheinbare Pflänzchen wächst in diesem Zeitraum nämlich über 20 Meter zu einem stattlichen Bambusbaum (Deinem passiven Geldbaum) heran!

Das Vertrauen und die Überzeugung in das Gelingen Deines Projektes waren die Ursache, warum es am Ende auch erfolgreich war. Einen ähnlichen Verlauf nimmt der Aufbau passiven Einkommens.

Startkapital

„Denke immer daran: Geld ist nicht alles.
Aber denke auch daran, zunächst viel davon zu verdienen,
ehe du so einen Blödsinn denkst."
- Anonym

Gerade für die weniger zeitintensiven passiven Einkommensströme, dazu zählen vor allem Einnahmen durch Pacht, Miete, Zinsen oder Dividenden, bedürfen einer gesunden Portion Startkapital. Doch genau davon besitzen die meisten von uns zu wenig. Deshalb beschäftigen wir uns ja gerade mit dem passiven Einkommen! Viel zu wenigen Menschen ist bewusst, dass Kapital (Geld) das entscheidende Medium unseres Wirtschaftssystems ist. Wer Kapital besitzt, kann daraus noch mehr Kapital generieren. Ein Prozess, der Naturgesetzen widerspricht und die Erklärung für die global extrem ungleich verteilten Vermögen ist. Auch ich habe lange angenommen, dass mir (noch) die finanziellen Ressourcen fehlen, um größere Kapitalinvestitionen tätigen zu können. Welch' Irrtum! Heute weiß ich, dass man einfach dort beginnen muss, wo man gerade steht. Die Auswahl besteht aus zwei Alternative. Im Idealfall kombinierst Du sogar beide Punkte!

1. Du beginnst mit kleinen monatlichen Beträgen und reinvestierst Gewinne.
2. Du schaffst Dir zusätzliches (aktives oder passives) Einkommen, um mehr Kapital investieren zu können.

Jeder hat einmal klein angefangen. Starte damit, stetig und Monat für Monat kleine Geldbeträge zu sparen bzw. zu investieren. Diese Investition sollte fest in Dein Budget eingeplant sein und am Monatsanfang getätigt werden. Dann kommst Du gar nicht umhin, mit dem Rest des Geldes den Rest des Monats zu bestreiten.

Währenddessen kannst Du dann, durch zusätzliche Arbeit durch aktives oder passives Einkommen, weitere Einnahmen generieren. Am besten legst Du bereits im Vorhinein fest, welchen Teil davon Du in den Auf- und Ausbau Deiner passiven Einkommensströme investieren wirst. Wie und in was Du gewinnbringend investieren kannst, erfährst Du in Kapitel 8.

Die Reinvestition von Einnahmen und Gewinnen wurde zu meinem Grundprinzip. Heute weiß ich, dass konstantes Reinvestieren, durch Kumulation und nicht zuletzt den Zinseszins-Effekt, im Verlauf der Zeit enorme Summen erzeugt. Auf welchen Teil Deines monatlichen Einkommens kannst und willst Du verzichten, um damit an einem deutlich entspannteren Lifestyle in der Zukunft zu bauen? Es geht in erster Linie um die Kontinuität und nicht den nominellen Betrag. Es ist zu Beginn egal, ob Du 10, 50, 100 oder 1.000 Euro im Monat investierst, solange Du dies konstant, Monat für Monat tust.

Cashflow

Den Begriff Cashflow hast Du bestimmt schon einmal gehört. Nichtsdestotrotz weiß kaum jemand, was hinter diesem einfachen Prinzip steht. Dein Cashflow innerhalb einer bestimmten Periode definiert sich aus der Differenz Deiner Einnahmen und Deiner Ausgaben. Er kann positiv oder negativ sein und eine positive oder negative Tendenz besitzen. Darüber hinaus können Deine Ausgaben, relativ gesehen, entweder hoch oder niedrig sein und sich Deine Einnahmen aus aktivem Einkommen, passivem Einkommen oder einer Kombination beider Einkommensarten zusammensetzen.

Um unser Ziel finanzielle Freiheit erreichen zu können, müssen wir unseren monatlichen Cashflow maximieren. Das heißt, die Einnahmen maximieren und die Ausgaben minimieren.

Wie Dir das am schnellsten, einfachsten und effektivsten gelingt?

Ausgaben minimieren
Je geringer Deine laufenden Kosten und Ausgaben sind, umso weniger passives monatliches Einkommen reicht aus, um finanziell frei zu werden. Solltest Du dabei Probleme haben, wirf einen Blick in mein Buch *„Geld sparen und clever reich werden".*

Einnahmen maximieren
Um später von unserer eingesetzten Zeit und unserem investierten Kapital leben zu können, müssen wir vor allem unsere passiven Einnahmen maximieren. Je mehr passive Einnahmequellen wir uns aufbauen, umso stabiler ist der Fluss. Dann ist es nicht tragisch, wenn eine unserer Quellen den einen oder anderen Monat etwas weniger Wasser führt. Natürlich kannst Du auch einen Teil Deiner Zeit darauf verwenden, Deine aktiven Einnahmen zu erhöhen. Dies sollte allerdings

mit dem Ziel geschehen, einen Teil dieser zusätzlichen Einnahmen in den Auf- und Ausbau passiver Einkommensströme zu reinvestieren.

Eine Cashflow-Positivspirale erzeugen

Die Kombination beider Tipps führt zu einem stetig steigenden monatlichen Cashflow. Das heißt, dass die Differenz zwischen monatlichen Einnahmen und Ausgaben kontinuierlich größer wird. Je höher Dein monatlicher Cashflow, umso mehr Kapital steht Dir zur Reinvestition in den Ausbau weiterer passiver Einkommensquellen zur Verfügung. Damit errichtest Du Dir im Laufe der Zeit immer mehr passive Quellen, die alle in einen stetig größer werdenden Kapitalfluss münden.

Du baust Dir auf diese Weise im Laufe der Zeit einen Kapitalfluss auf, der (fast) automatisch ständig größer wird. Aus einem kleinen, harmlosen Bach wird somit, durch kontinuierliche Reinvestition, ein reißender Fluss. Solange Du nach diesem Prinzip arbeitest, näherst Du Dich Deinem Ziel mit Siebenmeilenstiefeln.

Skalierung durch Automatisierung

„Sechs Stunden sind genug für die Arbeit.
Die anderen Stunden sagen zum Menschen: Lebe!"
– Lukian

Wie bereits verdeutlicht, geht es beim Aufbau passiver Einkommensströme vor allem darum, Deine einmalig aufgewendete Arbeitszeit zu skalieren. Diese Skalierung funktioniert jedoch nur, wenn Du Prozesse automatisierst. Solange Du aktive Arbeitszeit aufwenden musst, um Dein Einkommen zu gewährleisten, handelt es sich nicht wirklich um passives Einkommen. Deshalb ist die Automatisierung unseres Projektes so wichtig. Je besser und effizienter wir automatisieren, umso weniger Zeit müssen wir aktiv aufwenden und umso mehr Zeit bleibt uns, neue und weitere passive Einkommensquellen auf- und auszubauen.

Genau an diesem Punkt hilft uns das Internet. Kaum ein Tag vergeht, da nicht ein neues Start-up im digitalen Sektor mit einer neuen und innovativen Idee aufwartet, die uns das Leben deutlich einfacher machen kann.

Die Automatisierung im digitalen Bereich kann auch als Outsourcing bezeichnet werden. Früher habe ich den Prozess „Outsourcing" vorschnell als negativ abgestempelt. Heute ist mir klar, dass digitales Outsourcing gerade dem „kleinen Mann" die Möglichkeit bietet, mit den Reichen und Wohlhabenden mitzuhalten. Die Digitalisierung eröffnet uns die Möglichkeit, mit Fachkräften in aller Welt in Kontakt zu treten und deren Dienstleistungen in Anspruch zu nehmen.
    Die folgende Grafik stellt einige exemplarische Outsourcingprozesse dar. Sie zeigt auf, dass Automatisierung durch Auslagerung, online wie offline, ob durch Mensch oder Maschine (Software), das wesentliche Charakteristikum der Skalierbarkeit passiven Einkommens ist.

Outsourcing-Matrix	Online	Offline
Software	• Internetauftritt • automatische, digitale Rechnungsstellung • Vertrieb durch eine Plattform • Apps • Social Media Kanäle • Online-Dauerauftrag	• automatische Fehlerkorrektur einer Schreibsoftware • Apps • Automaten • Cashback-Programme • Kassensoftware
Menschliche Arbeitskraft	• Outsourcing Plattformen wie z. B. upwork, fiverr oder my-hammer • Zimmervermietung z. B. auf AirBnB • Werkzeug-vermietung	• Steuerberater • Hausmeister • Arbeitskräfte in produzierenden / dienstleistenden Unternehmen

Ist Dir mittlerweile klar geworden, wie ungemein wichtig Automatisierung bzw. Auslagerung ist, um Dir ein stetig wachsendes passives Einkommen aufzubauen? Wenn Du eine Tätigkeit auslagerst, schaffst Du Dir zeitliche Freiräume, die Du in Deine Fähigkeiten und/oder den Ausbau Deines passiven Einkommens stecken kannst. Deshalb stelle ich Dir im folgenden Kapitel einige Tools und Plattformen vor, die Dir bei diesem Prozess behilflich sein können.

Outsourcing Tools und Plattformen

Je intensiver und je länger Du Dich mit dem Aufbau passiven Einkommens beschäftigst, umso mehr Tools und Plattformen wirst Du kennenlernen, die Dir bei dem Prozess der Automatisierung und Skalierung unter die Arme greifen. Auf einige werde ich in den kommenden Kapiteln Bezug nehmen. Als ich zum ersten Mal von den Möglichkeiten erfuhr, war ich fasziniert davon, was mittlerweile alles möglich ist. Ich bin gespannt, ob es auch Dir so gehen wird. Auf geht die Reise in die Zukunft!

Tool # 1: Rechnungsstellung durch Fastbill
Fastbill ist ein geniales Online-Programm zur digitalen Rechnungsverwaltung. Gerade für Selbstständige und kleinere bis mittlere Unternehmen im Onlinebereich eignet es sich hervorragend. Schließlich rauben gerade diesem Personenkreis organisatorische und administrative Tätigkeiten wertvolle Zeit, die kaum produktiv ist. Genau an diesen Dreh- und Angelpunkten ist eine automatisierbare Lösung Gold wert. Die automatische Rechnungsstellung über Fastbill erlaubt Dir, Deine Einnahmen und Ausgaben (mitsamt Quittungen, die Du in die Cloud lädst) im Blick zu behalten. Außerdem kannst Du damit nicht nur kinderleicht Angebote und Rechnungen für Kunden erstellen, sondern, in Verknüpfung mit Deinem eigenen Onlineshop, vollautomatisch erstellen und an die E-Mail des Kunden versenden und vom System zuordnen lassen. Dieser Prozess funktioniert dank etlicher Schnittstellen reibungslos. Deine geschäftlichen (und auch privaten) Finanzen sind zudem übersichtlich zusammengefasst und Dein Cashflow dokumentiert. Darüber hinaus kannst Du für Deinen Steuerberater einen externen Zugang einrichten. Dieser kann dann rasch und unkompliziert auf alle steuerrelevanten Daten zugreifen.

Kostenfaktor: 5 Euro pro Monat. Der Service ist also nicht nur automatisierbar, sondern auch überaus günstig. Ein(e) Buchhalter(in) ist für diese Dienstleistung nicht unter 50 Euro pro Stunde zu haben!

Tool # 2: Vollautomatisch ansparen mit der App Clinc

Die Idee von Clinc (über diesen Link erhältst Du die App 3 Monate gratis) ist genial, indem Du Dir ein semi-passives Einkommen durch das Sparen kleinerer Beträge aufbaust. Klingt erst einmal ziemlich verrückt. Doch diese App übernimmt das Sparen für Dich vollkommen automatisch und lernt zudem ständig dazu! Stand 06/2017, ist sie in der Launchphase der Vollversion und wird sehr bald verfügbar sein. Dann musst Du diese (Web-)App lediglich mit Deinem Girokonto verbinden und sie kann ihren algorithmischen Dienst aufnehmen. Sie findet dann, anhand laufender Analysen Deiner Ausgabegewohnheiten, automatisch kleine Beträge, die es für Dich ganz automatisch auf ein extra Konto überträgt und anspart. Damit baust Du Dir einen wachsenden Kapitalstock auf, den Du später wiederum in den Ausbau Deiner passiven Einkommensströme investieren kannst. Besondereres Gimmick: Du kannst einen individuellen Betrag als Sparziel angeben. Setze Dir zum Beispiel das Ziel 1.000 Euro und kaufe Dir davon Deine ersten Dividendenaktien. Oder wende das Geld auf, um damit eine Werbeoffensive für Deine Produkte und Dienstleistungen zu starten.

Tool # 3: Vollautomatisch diversifizieren mit der App Acorns

Die (Web-)App „Acorns" ist eine interessante Erweiterung oder Alternative zu Clinc, ist, Stand 06/2017, jedoch noch nur in den USA nutzbar. Das Konzept allerdings ist aber so genial, dass es in diesem Buch nicht fehlen darf. Schließlich ist es nicht unwahrscheinlich, dass sich bald etliche Anbieter mit einer identischen Idee auf dem deutschen Markt tummeln – und dann bist Du gewappnet. Diese App rundet jeden Einkauf, den Du über die Kreditkarte tätigst, auf, und investiert den aufgerundeten Betrag in ein diversifiziertes Aktienportfolio (ETF). Diese Vorgehensweise ist viel versprechend. Schließlich erzeugst Du damit auf lange Sicht - und ohne es wirklich wahrzunehmen - einen stetig wachsenden passiven Einkommensstrom, der Dir aus Ausgaben bzw. Einsparungen zusätzliches Geld generiert.

Die Kosten für diesen Service sind gering. Unter 24 Jahren ist der Service kostenfrei, anschließend wird ein Dollar pro Monat berechnet, solange Dein Portfolio 5.000 USD nicht überschreitet.

Gerade in diesem Bereich schlummern noch große Potentiale. Dienstleistungen, die das Sparen für Dich übernehmen und zugleich einen digitalen Fondsmanager stellen, sind ein Eckpfeiler der digitalen Zukunft.

Nun bist Du mit den wichtigsten theoretischen Voraussetzungen ausgestattet, Dein Projekt „Passives Einkommen Aufbauen" anzugehen. Lass' uns also in die Praxis eintauchen. Wir starten mit dem passiven Einkommen online. Es verlangt von Dir zwar deutlich mehr Arbeit (Zeit), ist dafür allerdings mit geringem Kapitalaufwand verbunden und verspricht überaus lukrative Gewinne. Danach kümmern wir uns um das passive Einkommen „offline", das zwar weniger Zeit von Dir einfordert, dafür allerdings nicht ohne Kapital funktioniert. Die dritte Quelle für passives Einkommen sind Vermietungen. Auch dafür ist ein eigenes Kapitel vorgesehen.

Ich wünsche Dir dafür jeden erdenklichen Erfolg!

Passives Einkommen Online

„Wenn man erfolgreich sein möchte, sollte man lieber auf neue Wege ausscheren, als die ausgewaschenen Pfade des akzeptierten Erfolgs zu bereisen."
– Timothy Ferriss

Dein Online-Business ist wie ein eigener Privatjet. Das Kerosin, mit dem er fliegt, sind entweder Produkte oder Dienstleistungen. Strebst Du diesen Weg an, hast Du dafür womöglich bereits erste Ideen. Damit kannst du zwar die Theorieprüfung für das Fliegen eines derartigen Monstrums bestehen, aber trotzdem fehlen Dir die Praxisstunden im Simulator. Praxisstunden, die Du ohne die Hilfe eines Fluglehrers, der über genau diese Erfahrungen verfügt, nicht bewältigen kannst. Ganz egal wie groß Dein theoretisches Hintergrundwissen ist, Du bist auf Hilfe und praktische Anleitung angewiesen, sonst könnte Dein Vorhaben im Desaster enden! Diese Metapher ist eine unbestreitbare Lebensweisheit und trifft zu 100 Prozent auf den Aufbau passiven Einkommens zu. Lasse mich Dir also praktische Flugstunden geben und Du wirst schon bald abheben.

Nichts, was wir nicht selbst in der Praxis erlebt haben, kann wahrhaft als Wissen bezeichnet werden.

Die praktische Voraussetzung

Wir müssen Gelerntes erst in der Praxis anwenden und selbst erleben, um es wirklich verstehen und anwenden zu können. Dasselbe gilt für den Aufbau passiver Einkommensströme. Du erfährst nur dann eine steile Lernkurve, wenn Du Theorie in der Praxis anwendest. So oft und so intensiv es Dir möglich ist. Sonst könnten Dich bereits kleinste Rückschläge aus Deiner erfolgreichen Flugbahn werfen. Es bliebe nicht nur der finanzielle Erfolg aus, sondern Hindernisse und etwaige Schlappen würden Dir die Motivation rauben und Dich vielleicht sogar zum Aufhören bewegen. Dabei haben Dir nur einige wenige Praxisstunden gefehlt, um den Durchbruch zu schaffen.

„Unsere größte Schwäche liegt im Aufgeben.
Der sichere Weg zum Erfolg ist immer,
es doch noch einmal zu versuchen."
– Thomas Alva Edison

Erwarte also nicht, dass von heute auf morgen finanzielle Wunder geschehen. Als Entrepreneur für passives Einkommen strebst Du schließlich einen Lebensstil der zeitlichen Freiheit an und nicht einfach nur nach materiellem Reichtum. Nichtsdestotrotz ist sicherlich auch materieller Wohlstand einer der Beweggründe, weshalb Du dieses Buch gekauft hast. Dieses Ziel kannst Du deutlich schneller online als offline verwirklichen. Daher ein kurzer Exkurs in Anlehnung an das überaus empfehlenswerte Buch „The Millionare Fastlane" von MJ DeMarco.

Die Schnellstraße zur finanziellen Freiheit

Gerade Dein eigenes Online-Business verbindet grenzenloses finanzielles Potential mit einem geringen betriebswirtschaftlichen Risiko. Wie bereits geschildert, ist es vor allem Deine Zeitinvestition, die hier über Erfolg oder Misserfolg entscheidet. Das Unterfangen bedarf allerdings auch einer gewissen Veränderung Deiner geistigen Einstellung. Wir müssen unser traditionelles, in Bezug auf Geld stark konservativ geprägtes Denken, hinter uns lassen. Nicht die Schulbildung, nicht das Studium und auch nicht unser Arbeitseinsatz als Angestellter im Hamsterrad entscheiden über unseren Wohlstand, sondern einzig und allein, wie sehr wir in der Lage und Willens sind, unseren ganz eigenen, unkonventionellen Weg zu gehen. Ich weiß, das ist alles andere als einfach. Bei mir hat dieser Bewusstseinswandel einige Jahre gedauert. Die Erziehung und die Gesellschaft haben uns schließlich darauf geprägt, lieber mitzulaufen, anstatt unser Potential maximal auszuschöpfen. Aber jeder von uns hat sein Schicksal selbst in der Hand. Du ganz allein entscheidest mit Deinen Handlungen, welche Zukunft Du anstrebst. Alles, was Du dafür tun musst, ist Deine Zukunft noch heute in Deine eigenen Hände zu nehmen.

Die einfache Reichtumsformel

Bevor ich Dir die Reichtumsformel vorstelle, muss ich einmal mehr auf die Entkopplung von Zeit und Einkommen zu sprechen kommen. Solange Dein Einkommen nämlich an Deine aktive Arbeitszeit gekoppelt ist, ist Reichtum, vor allem schneller Reichtum, lediglich Utopie. Das gilt in gewisser Hinsicht auch für das siebte Kapitel des offline passiven Einkommens. Schließlich ist der Zeitfaktor dort auf eine andere Art und Weise entscheidend – doch dazu später mehr. Dahingegen kann man durch eigene Produkte oder Dienstleistungen tatsächlich über Nacht zu Reichtum gelangen. Ob eine App, die plötzlich zigtausendfach heruntergeladen wird, oder als Bestseller-Autor von „Hogwards"-Zauberromanen. Die Möglichkeiten sind vielfältig. Dafür gilt es allerdings ein einfaches Rezept zu verstehen.

*Dein Gewinn = Anzahl verkaufter Produkte * Gewinn je Produkt*

Diese Formel sieht relativ trivial aus, oder? Doch meist sehen wir den Wald eben vor lauter Bäumen nicht. Genau das gilt auch bei der Reichtumsformel. Was Dich hier nämlich wirklich reich und finanziell frei machen kann, ist die Kontrolle über die beiden Variablen. Eine Erhöhung des Gewinns je Produkt (in der Regel über eine Erhöhung des Preises oder eine Senkung der Herstellungskosten), beziehungsweise eine Erhöhung der Anzahl der verkauften Produkte, erhöht automatisch Deinen Gewinn. Eine Erhöhung von 10 auf 100 Verkäufe erhöht Dein Einkommen um das zehnfache! Eine Erhöhung auf 1.000 Verkäufe, z. B. durch clevere Werbung, erhöht Deinen Gewinn sogar um das 100-fache! Dieses Prinzip muss Dir, wenn Du diesen Weg einschlagen willst, in Fleisch und Blut übergehen. Das wiederum schaffst Du nur durch Erfahrung. Du kannst darüber noch 1.000 weitere Bücher lesen, Vorlesungen besuchen oder Hörbücher studieren, doch wirklich verstehen wirst Du es erst in der angewandten Praxis. Die Kontrolle über Dein Einkommen zu haben, ist ein wesentlicher Aspekt der (finanziellen) Freiheit.

In diesem Fall müsstest Du Deinen Chef nicht länger um eine Gehalts-
erhöhung anbetteln, sondern bist selbst dafür verantwortlich. Damit
Dir dies möglichst rasch gelingt, musst Du die 3 wichtigsten Variablen
im Verkaufsgeschäft kennen.

Doch bevor Du vorwärtsschreitest, nutze die diesen Augenblick direkt
dazu, Dir erste Gedanken über eigene Produkte oder Dienstleistungen
zu machen. Was würde Dich besonders interessieren? Worin hast Du
bereits Erfahrung oder spezielle Talente? Nutze den Rest dieser Seite,
spontan und ungefiltert erste Ideen zu notieren.

Essentielle Variablen des Verkaufs

„Wie viele Millionäre kennst du,
die mit der Anlage in ein Sparkonto reich geworden sind?
Ich kenne keinen."
– Robert Allen

Ich wünschte, ich hätte dieses Buch vor einigen Jahren selbst in Händen gehalten. Vermutlich hätte ich mir viele Stürze erspart und hätte bereits mein Häuschen am pazifischen Strand Mexikos. Dafür konnte ich durch die „Trial-and-Error"-Methode viel praktische Erfahrungen sammeln und in diesem Buch bündeln. Ich hoffe sehr, dass Du nun davon profitieren kannst. Starten wir also mit den wichtigsten Variablen im Verkauf von Produkten und Dienstleistungen. Sie gelten sowohl online wie offline. Sie zeigen Dir, wie erfolgreich Du verkaufst und wie sich Deine Tendenzen entwickeln. Sie sollten von Dir daher fortwährend verfolgt („getrackt") und dokumentiert werden.

Konversionsrate

Dieses Wort klingt erstmal ziemlich technisch, ist aber sehr einfach zu verstehen. Das Wort Konversion kommt aus dem lateinischen „conversio". Es heißt so viel wie „Umwendung" und deutet damit einen Zustandswechsel an. Im Falle des Marketings und Vertriebs meinen wir den Wechsel der Stadien Besucher → Interessent und Interessent → Kunde. Es gibt demnach 3 wichtige Status:

*   # 1 Besucher
*   # 2 Interessent
*   # 3 Kunde

Zu # 1:
Besucher suchen in der Regel „nur" Informationen bzw. (kostenlose) Lösungen für ein aktuelles Problem. Sie sind grundsätzlich (noch) nicht darauf eingestellt, zur Problemlösung ein Produkt oder eine Dienstleistung zu erwerben. Besucher können sowohl in Interessenten als auch in Kunden verwandelt werden. Während die „Verwandlungsrate" (Konversionsrate) zu Interessenten bei bis zu 25 Prozent liegt, liegt die Wahrscheinlichkeit für einen Direktverkauf bei lediglich einem Promille (1 zu 1.000). In der Regel kauft also nur jeder eintausendste Besucher direkt ein Produkt oder eine Dienstleistung. Schlicht deshalb, weil er mental noch nicht auf einen Kauf eingestellt war (bzw. wurde)!

Zu # 2:
Bei Interessenten gestaltet sich diese Beziehung schon etwas anders. Interessenten haben bereits ein gewisses Hintergrundwissen erworben und erste Informationen eingeholt. Sie wissen eventuell sogar schon, welche Produkte oder Dienstleistungen für sie in Frage kommen. Auf jeden Fall zeichnet sie eine deutlich geringere Kauf-Hemmschwelle aus, da sie bereits erste Informationen erhalten haben und Vertrauen aufgebaut wurde. Gerade im Online-Marketing spricht man von einer durchschnittlichen Konversionsrate von Interessent zu Kunde von ca. drei Prozent. Dieser Wert kann aber auch problemlos auf über 10 Pro-

zent steigen. Insbesondere dann, wenn Du qualitativ hochwertige Produkte oder Dienstleistungen anbietest und Deine Zielgruppe hoch relevant ist. Das Thema Relevanz erhält daher im Anschluss ein gesondertes Kapitel.

Zu # 3:

Die Definition von Kunde sollte klar sein. Eine Person, die ein Produkt oder Dienstleistung (von Dir) erworben hat. Der Prozess der schrittweisen Verwandlung von Besuchern und Interessenten in Kunden ist enorm wichtig. Das wiederum liegt an zwei elementaren Gesichtspunkten der Kaufpsychologie.

Eine Person, die bereits einmal ein Produkt bei Dir erworben hat, wird dies mit ca. 30-fach höherer Wahrscheinlichkeit wieder tun, als eine Person, die noch keinen Kauf getätigt hat. Der erste Kauf setzt somit die Hemmschwelle für Folgekäufe enorm herab.

Darüber hinaus ist aktive Kundenbindung sehr viel einfacher als aktive Kundengewinnung. Einen Neukunden zufrieden zu stellen ist sehr viel schwieriger als einen bestehenden Kunden zufrieden zu halten. Darauf sollte also ein weiterer Fokus Deiner Verkaufstätigkeiten liegen. Diese Beziehung ist relativ einfach erklärt. Während Dich Neukundengewinnung in der Regel entweder Geld oder Zeit kostet, kannst Du Bestandskunden dazu nutzen, weiteres Einkommen zu generieren. Diese beiden diametralen Gegenspieler des Cashflows gilt es zu Deinem Vorteil zu nutzen. Deine Bestandskunden kennen Dich, Deine Produkte, deren Preis und Qualität. Das wiederum schafft eine Vertrauensbasis, auf die es aufrechtzuerhalten gilt!

Die Beziehung dieser drei Kundenstatus zu verstehen ist ein elementarer Baustein für den Erfolg Deines (online) Unternehmens. Unser Ziel soll es nämlich sein, im Rahmen einer klugen, systematischen und überwiegend automatisierten Abfolge, Besucher entweder direkt in Kunden zu verwandeln oder dies über den „Zwischenstatus" des Interessenten zu erreichen. Da wir uns in diesem Kapitel im Onlinebereich bewegen, wird Dir der Begriff Konversionsrate also noch des Häufigeren begegnen.

Ist die Konversionsrate wirklich so wichtig?

Gerade geringe Konversions-Prozentwerte sorgen schnell dafür, dass man die Signifikanz kleiner Verbesserungen (oder Verschlechterungen) nicht erkennt. Auch ich habe mir anfangs noch gedacht „was macht es schon für einen Unterschied, ob es 2,5 oder 3 Prozent sind? Ich wollte schließlich 10 Prozent erreichen!“ Doch mit dieser Denkweise habe ich mich selbst limitiert. Wie, soll folgendes Beispiel zeigen.

Angenommen Du verkaufst online Nahrungsergänzungsmittel über eine sehr beliebte Nischen-Webseite. Wir gehen im folgenden von zwei unterschiedlichen Szenarien aus. Dabei werden alle Variablen in Fall 1 und Fall 2 konstant gehalten. Lediglich die Konversionsrate von Interessent zu Kunde wird von 2,5 Prozent auf 3 Prozent erhöht.

Fall # 1:
- Besucher pro Monat: 1 Million
- Konversion zu Interessent: 5 Prozent
- Konsequenz: Interessenten pro Monat: 50.000 (= 1 Million Besucher * 5 Prozent Konversion)
- Durchschnittliche Kaufsumme: 18,50 Euro
- Konversionsrate von Interessent zu Kunde: 2,5 Prozent

Umsatz = (Interessenten * Konversionsrate) * durchschnittliche Kaufsumme
→ Umsatz = (50.000 * 0,025) * 18,50 = 23.125 Euro.

Fall # 2:
- Besucher pro Monat: 1 Million
- Konversion zu Interessent: 5 Prozent
- Konsequenz: Interessenten pro Monat: 50.000
- Durchschnittliche Kaufsumme: 18,50 Euro
- Konversionsrate von Interessent zu Kunde: 3 Prozent

Umsatz = (Interessenten * Konversionsrate) * durchschnittliche Kaufsumme
→ Umsatz = (50.000 * 0,03) * 18,50 = 27.750 Euro.

Dieser vermeintlich geringe Unterschied der Konversionsraten von 0,5 Prozent führt zu einer Umsatzdifferenz von 4.625 Euro. Und das jeden Monat! Es sollte deutlich werden, wie stark sich die Konversionsrate bereits bei relativ geringen Umsätzen auswirkt! Daher muss die Grundregel auch immer heißen:

Traffic (Besucherzahlen) folgt Conversion!

Zuerst musst Du Deine Konversionsrate optimieren, bevor Du eine große Besucheranzahl auf Deine Produkte loslässt. Sonst verpufft der Großteil des Kauf- bzw. Einkommenspotentials.

Besucherzahlen

Ganz ohne Besucher geht es aber natürlich auch nicht. Besucher werden im online Fachjargon auch Traffic (Verkehr) bezeichnet. In seinem Buch „The Millionare Fastlane" sagt der Autor MJ DeMarco sinngemäß: „Um Millionen zu machen musst Du Millionen von Menschen erreichen". Das wiederum koppelt DeMarco an 5 Gebote:

1 – das Gebot des Bedürfnisses
→ Du kannst nur dann Erfolg haben, wenn Du ungelöste Kundenbedürfnisse erfüllst und nicht Deine eigenen!

2 – das Gebot des Einstiegs
→ je einfacher der Einstieg in einen Markt, umso größer ist dort die Konkurrenz. Das muss allerdings nicht zwangsläufig nachteilig sein. Denn viel Konkurrenz bedeutet in der Regel, dass in diesem Bereich eine hohe Nachfrage besteht!

3 – das Gebot der Kontrolle
→ Du solltest die Kontrolle über Dein Geschäft behalten. Insbesondere im Hinblick auf die Reichtumsformel (s.O.). Je unabhängiger Du Dich von anderen Unternehmen machen kannst, umso besser und stabiler wird Dein Geschäft sein.

4 – das Gebot der Skalierung
→ Du kannst Dein Produkt problemlos 500, 2.000 oder gar 100.000 Mal verkaufen? Dann handelt es sich um ein hervorragend geeignetes Produkt, um passives Einkommen zu erzielen, weil es automatisiert verkauft werden kann.

5 – das Gebot der Zeit
→ Nur, wenn Dein Unternehmen unabhängig von Deiner Zeit funktioniert, bist Du wirklich frei. Sonst ist es, so DeMarco, nach wie vor ein Job. Richte Deine Energien also auch auf das Ziel, dass Dein Unternehmen, auch unabhängig von Deiner (Arbeits-)Zeit, Gewinne erzielt.

Geschäftsideen, die diese 5 Gebote erfüllen, sind laut DeMarco die besten Wege zu schnellem Reichtum!

Bevor wir nun zu zwei extrem wichtigen Voraussetzungen kommen, wollen wir noch einmal einen Blick auf die Umsatzauswirkungen der Besucherzahlen anhand der beiden im vorherigen Kapitel vorgestellten vereinfachten Fälle werfen. Gehen wir davon aus, dass alle Variablen konstant sind und in beiden Fällen eine Konversionsrate von Interessent zu Kunde von 3 Prozent erzielt wird. In Fall zwei erhöhen wir nun – in Anlehnung an die Änderung der Konversionsrate aus dem vorherigen Kapitel – die Besucherzahlen pro Monat um ein halbes Prozent. Das entspricht 50.000 Personen. Eine ganze Kleinstadt!

Fall # 1:
- Besucher pro Monat: 1 Million
- Konversion zu Interessent: 5 Prozent
- Konsequenz: Interessenten pro Monat: 50.000
- Durchschnittliche Kaufsumme: 18,50 Euro
- Konversionsrate von Interessent zu Kunde: 3 Prozent

Umsatz = (Interessenten * Konversionsrate) * durchschnittliche Kaufsumme
→ Umsatz = (50.000 * 0,03) * 18,50 = 27.750 Euro.

Fall # 2:
- Besucher pro Monat: 1,05 Millionen
- Konversion zu Interessent: 5 Prozent
- Konsequenz: Interessenten pro Monat: 52.500 (= 1,05 Millionen Besucher * 5 Prozent Konversion)
- Durchschnittliche Kaufsumme: 18,50 Euro
- Konversionsrate von Interessent zu Kunde: 3 Prozent

Umsatz = (Interessenten * Konversionsrate) * durchschnittliche Kaufsumme
→ Umsatz = (52.500 * 0,03) * 18,50 = 29.137 Euro.

Mit einem Anstieg von 50.000 Besuchern pro Monat haben wir also eine geringere Umsatzsteigerung erzielt, als mit dem Anstieg der Konversionsrate um 0,5 Prozent. Was denkst Du, ist einfacher zu erreichen? Die Antwort dürfte ziemlich klar sein. 50.000 neue Besucher zu generieren ist sehr viel schwieriger und kostet unter Umständen sogar (viel) Geld. Eine Verbesserung der Konversionsrate ist hingegen in den meisten Fällen kostenlos und häufig sogar mit einem relativ kleinen zeitlichen Aufwand verbunden. Ein weiterer Beweis für die Grundregel:

Zuerst Conversion, dann Traffic (Besucherzahlen)!

Löse die Probleme Deiner Zielgruppe!

Deine Besucher sollten im Idealfall genau Deiner Zielgruppe entsprechen. Jeder Suche, egal ob nach einem Produkt oder „nur" nach einer Information, geht nämlich immer ein Problem voraus. Ein Problem, das gelöst werden möchte. Je besser Deine Besucher bereits in Deine Zielgruppenkategorien passen, umso einfacher ist es, ihnen anschließend Dein Produkt bzw. Deine Dienstleistung als Lösung des Problems vorzustellen und zu verkaufen.

Je größer nun die Differenz zwischen der Lösung und dem Problem ist, umso größer ist der sogenannte Mehrwert. Ein Wort, das heute leider viel zu häufig und ohne tieferes Hinterfragen des Sinnes benutzt wird. Idealerweise ist der Wert größer Null. Das würde heißen, dass Du das Problem nicht nur gelöst, sondern darüber hinaus Wert beim Kunden geschaffen hast. Je größer der Mehrwert, den Du schaffst, umso mehr Vertrauen baust Du zu Deinem Interessenten beziehungsweise Kunden auf, und umso tiefer sinkt die Hemmschwelle (erneut) bei Dir einzukaufen.

Eine Denkweise der „Problemlösung" der Kunden ist im Unternehmertum daher absolut unabdingbar. Kundenspezifische Probleme zu entdecken und mit einem Produkt oder mit einer Dienstleistung zu lösen, das muss Dein Ziel beim Aufbau passiver Einkommensströme im Onlinebereich sein. Das Buch „Wege zum Kunden: Akquise für Existenzgründer, Freelancer und Kleinunternehmer" gibt hierzu eine verständlich und systematische Schritt-für-Schritt Anleitung.

63

Besucherrelevanz

Wer sich mit Online-Marketing beschäftigt, wird das Wort „Relevanz" gar nicht mehr hören können. Ähnlich dem Wörtchen „Mehrwert" scheint es zum pauschalen Lückenfüller verkommen zu sein. Dabei bezeichnet die Relevanz Deines Besucherverkehrs eine im Verkauf enorm wichtige Variable. Relevanz bedeutet die Bedeutsamkeit bzw. Empfänglichkeit eines Besuchers für eine Nachricht. Sie wird insbesondere im Online-Marketing genutzt, indem Werbungen passgenau auf bestimmte Zielgruppen „targetiert" (abgezielt) werden. Es geht somit um die punktgenaue und hochspezifische Ansprache von vorher festgelegten Zielgruppen. Was das für die Praxis bedeutet, soll ein einfaches Beispiel zeigen.

Beispiel:
Du hast einen Blog für handgemachte Damenunterwäsche in Übergröße aufgebaut. Dort informierst Du die Besucher, Interessenten und Kunden über Qualität, Herstellungsarten, eventuelle Siegel wie Fair Trade, verschiedene Gelegenheiten wann die Unterwäsche getragen werden kann, welchem Typ, welche Unterwäsche besonders gut passt, etc. Du verkaufst diese handgemachte Damenunterwäsche in Übergrößen auf Deinem eigenen Shop. Du hast also eine sehr genaue Zielgruppe definiert. Das ist grundsätzlich hervorragend!

Nun entscheidest Du Dich allerdings dazu, weil Dich das Thema gerade interessiert oder Du ein Artikel-Veröffentlichungsangebot erhalten hast, plötzlich Inhalte über Fahrradwege in Osteuropa zu veröffentlichen und Fahrräder mit ins Sortiment zu nehmen.

Glaubst Du, das gefällt oder interessiert Deine Zielgruppe?

Natürlich nicht! Und noch schlimmer, Du wirst sie dadurch sogar verlieren! Schließlich sind Deine Inhalte für Deine ursprüngliche Zielgruppe plötzlich überhaupt nicht mehr relevant (bedeutsam)!

Definiere Deine Zielgruppe lieber eng und beliefere sie nur mit Inhalten, die ihren Interessen und Vorlieben entsprechen. Alles andere ist überflüssig oder sogar kontraproduktiv! Darüber hinaus gilt, dass Du Deine Zielgruppe umso einfacher adressieren, ansprechen und gewinnen kannst, je enger Du sie definierst. Einige Beispiele sollen zum Verständnis beitragen.

- **Schlechte Zielgruppendefinition:** Menschen, die neue Unterwäsche brauchen.
- **Gute Zielgruppendefinition:** Beleibtere Damen, die sich für Unterwäsche in Übergrößen interessieren.

- **Schlechte Zielgruppendefinition:** Menschen, die ein neues Auto brauchen.
- **Gute Zielgruppendefinition:** Männer, die sich für Oldtimer unter 30.000 Euro aber älter als 50 Jahre interessieren.

- **Schlechte Zielgruppendefinition:** Gestresste Menschen
- **Gute Zielgruppendefinition:** Überforderte Studenten, die Prüfungsangst haben.

Du siehst, die Wahl Deiner Zielgruppe ist enorm wichtig und entscheidet darüber, wie gut und einfach Du Deine Produkte an den Mann bzw. die Frau bringen kannst. Nochmal: Je enger Deine Zielgruppe gefasst ist, umso kleiner mag sie sein, aber umso genauer kannst Du sie auch erreichen. Ich würde lieber 1.000 hochspezifische Personen erreichen, als 1 Million kaum relevante und zufällige Personen!

Das Buch „Think Content!: Content-Strategie, Content-Marketing, Texten fürs Web" von Miriam Löffler ist zur Erweiterung dieser Erkenntnisse sehr empfehlenswert! Eine gute kostenlose Informationsquelle zum wichtigen Thema „Content Marketing" ist auf dem Blog www.sem-deutschland.de einsehbar.

Preis

„Last but not least" nimmt natürlich auch die Preisgestaltung einen ganz entscheidenden Einfluss auf Deine Verkaufszahlen und Dein Einkommen. Hierbei muss übrigens nicht gelten, dass teuer gleichbedeutend mit weniger Verkäufen ist und umgekehrt. Das ist ein weit verbreitetes Missverständnis!

Die Preissetzung ist allerdings eine Disziplin für sich. Sie lebt vor allem von der Erfahrung, die Du mit den Reaktionen Deiner Zielgruppe gemacht hast. Ich habe zum Beispiel schon des Öfteren festgestellt, dass sich manche Bücher sogar besser verkaufen, wenn ich den Preis anhebe! Genau dafür ist eine genaue Analyse Deiner Zielgruppe (wie kaufstark ist sie) und stetige Dokumentation notwendig.

Du kannst Deine Marge übrigens auch erhöhen, ohne den Preis zu verändern. Der Schlüssel dazu ist eine Verringerung der Stückkosten je Produkt. Je geringer Deine Stückkosten bei der Herstellung, umso höher Deine Marge. Dann kannst Du den Preis sogar senken und dennoch mehr verdienen. Außerdem erhöhst Du gegenüber Deiner Konkurrenz wahrscheinlich sogar Deine Marktanteile. Da dieses Buch ja kein Marketing-Ratgeber werden soll, verweise ich Dich für detailliertere Informationen an einen Kollegen. Das Buch „Online-Marketing-Konzeption - 2017" von Erwin Lammenett ist eine hervorragende Übersicht, auch über die zum Teil sehr komplexen Preisstrategien im Online-Marketing.

So oder so gilt: Du musst Dich, um mit Deinem Projekt auch wirklich erfolgreich zu werden, in Deinem Bereich konstant weiterbilden und am Ball bleiben. Gerade online gilt: „Wer stehen bleibt, fällt zurück" – und zwar schnell!

Jetzt geht's in die Online-Praxis!

Ob Du es glaubst oder nicht, Du liegst bereits mit einem Bein in der Hängematte in der Karibik und Dein langweiliger und zuweilen lästiger „9 to 5 Job" zur Hälfte am Nagel. Nichtsdestotrotz wird das so lange eine utopische Vorstellung bleiben, wie Du Dein Schicksal nicht selbst in die Hand nimmst. Grundsätzlich gibt es eine ganze Reihe interessanter und lukrativer Möglichkeiten, Dir online ein oder mehrere passive Einkommensströme aufzubauen. Allerdings ist nicht jeder Weg für jeden Typ Mensch geeignet. Wir alle besitzen heterogene Interessen, Vorlieben und unterscheiden uns charakterlich voneinander. Diese Diversität macht den Reiz und die Vielfalt des Lebens aus. Ohne sie hätte das Leben keinerlei Überraschungen zu bieten und wäre wohl nicht mehr als eine langweilige Abfolge vorhersehbarer Ereignisse. Daher möchte ich Dir in diesem Kapitel die, aus meiner Sicht, realisierbarsten Projekte aufzeigen. Lies dieses Kapitel daher nicht wie eine Schullektüre, sondern betrachte sie aus dem Blickwinkel eines Unternehmers. Welche Optionen sagen Dir intuitiv, auf emotionaler Ebene zu? Im Idealfall ergänzen sie sich mit Deinen Interessen, Leidenschaften und angeborenen bzw. erworbenen Fähigkeiten.

Darüber hinaus erhältst Du zu jeder Idee einen kurzen theoretischen Einblick sowie eine erste praktische Einweisung für die nächsten notwendigen Handlungsschritte. Nun liegt es an Dir, Deinen Traum zu verwirklichen..!

Der Blog oder die (Nischen-)Webseite

„Man muss das Geld zum Fenster rauswerfen,
damit es zur Haustüre wieder reinkommen kann."
– Karl Lagerfeld

Wenn man den Begriff online hört, denkt man als erstes an eine Webseite. Egal ob an Wikipedia, Zalando, eBay, Amazon, Firmenwebseiten,
sogenannte Nischen-Webseiten oder Blogs. Grundsätzlich kannst Du
mit einem Blog oder einer Webseite auf verschiedene Arten, mehr oder
weniger passiv, Geld verdienen. In der Regel dienen sie der Gewinnung
von Besuchern (die es in Interessenten zu verwandeln gilt) oder der
direkten Gewinnung von Interessenten (die es in Kunden zu verwandeln gilt).

Realistische Wege, Geld mit einem Blog zu verdienen

Meiner Erfahrung nach gibt es nur vier seriöse und wirklich realistische Wege, mit einer Internetpräsenz selbst Geld zu verdienen. Alle vier Optionen werde ich Dir in diesem Kapitel vorstellen.

- # 1 Werbebanner schalten (Google AdSense)
- # 2 Verkauf sogenannter Backlinks
- # 3 Affiliate Marketing (z. B. Amazon Partnerprogramm, Versicherungen, etc.)
- # 4 Verkauf eigener Produkte

1: Werbebanner schalten mit Google AdSense
Werbebanner zu schalten ist eine relativ bequeme Möglichkeit, Deine Webseite (ich beziehe mit dem Begriff Webseite fortan auch Blogs mit ein) in eine vollautomatische Gelddruckmaschine zu verwandeln. Google ist das größte Anzeigennetzwerk überhaupt. Es vereint, mit seinem Werbeprogramm AdSense, nicht nur die höchsten Marktanteile auf sich, sondern erzielt, laut dem Marktanalyseunternehmen Datanyze, auch die höchsten Konversionsraten. Darüber hinaus ist die Einrichtung überaus simpel. Das wiederum verspricht erste Einnahmen ohne großen Zeitverlust. Auch Programmierkenntnisse, wie z. B. HTML, werden von Dir nicht wirklich gefordert. Du musst lediglich HTML-Codes an die Stellen einfügen, wo das Werbebanner auf der jeweiligen Haupt- oder Unterseite erscheinen soll. Du erlaubst damit Google, auf Deiner Webseite Werbung zu schalten. Diese Werbung wiederum wird von Google auf den jeweiligen Besucher passgenau abgestimmt (targetiert). Das ist der Grund, weshalb Du bei Deinem Email-Provider, oder beim Surfen durch das Netz, zumeist genau Deinen Interessen entsprechende Werbung angezeigt bekommst. Das funktioniert zum einen, da die meisten Menschen Google, durch das Zulassen von Cookies, erlauben, ihre Such- bzw. Surfgewohnheiten zu speichern und zu analysieren. Anhand der gewonnen Daten und Deiner individuellen IP-Adresse, schält Google dann, innerhalb der auf Deiner Webseite platzierten Werbebanner, zielgenau und spezifische auf den Besucher

69

zugeschnittene Werbung (personalisierte Werbung – ca. 30 Prozent). Zum anderen wird Werbung auch „kontextbezogen" geschaltet. Das heißt, dass die Werbung auf den Inhalt der Seite abgestimmt ist und damit zumeist auch auf die Interessen der Besucher zutrifft (kontextbezogene Werbung – ca. 70 Prozent).

Beide Bestandteile erklären wiederum die enorm hohe Konversionsrate von weit über 5 Prozent bei „kaltem Traffic" (Besucher, die eigentlich gar nicht speziell nach dem angezeigten Produkt zum Kauf gesucht haben). Die Vergütung erfolgt entweder pro Impression (Anzeige) oder pro Click und wird monatlich ausgeschüttet.

Ab wann lohnt sich Google AdSense?

Im Online Marketing gilt die Regel, dass Du schon mindestens 10.000 Besucher pro Monat auf Deine Webseite bringen solltest, bevor Du damit beginnst, Werbeanzeigen zu schalten. Konzentriere Dich daher, wenn das Dein Weg sein sollte, zuerst auf die Erstellung von Inhalten und den Aufbau einer großen Leserschaft bzw. Fangemeinde. Dein potentielles Einkommen kann zudem nicht pauschalisiert werden und ist vor allem von der Relevanz Deiner Besucher und deren Klick- bzw. Kaufverhalten abhängig. Grob geschätzt kannst Du, bei 1.000 Seitenaufrufen pro Tag, mit einer Vergütung von 1 bis 10 Euro rechnen.

Zu # 2: Backlinks verkaufen

Vor etwa einem Jahr haben mein Partner Jens und ich, auf unserer ersten Webseite www.geldsystem-verstehen.de damit begonnen, ab und an sogenannte Backlinks zu verkaufen. Die Webseite entsprang unserem Herzensprojekt während des Studiums, ein Buch über die Irrungen und Wirrungen des Finanzsystems zu schreiben („Tag auf Tag im Hamsterrad"). Zum Zeitpunkt der ersten Backlink-Verkäufe verzeichnete sie einen Traffic (Besucherverkehr) von ca. 4.000 Besuchern pro Monat. Dafür allerdings hochrelevant. Daher kam Google AdSense für uns nicht in Frage. Schließlich informieren sich nur jene Menschen über das Geldsystem bzw. das uns umgebende Hamsterrad, die auch wirklich Interesse an der Geld- und Finanzwelt haben. Insofern ist unser Besucherverkehr für Werbetreibende durchaus wertvoll. Was hat es nun mit Backlinks genau auf sich?

Backlinks sind organische Verlinkungen (Rückverweise) von einer Webseite auf eine andere. Vor allem Suchmaschinen werten diese Verlinkungen, je spezifischer und relevanter sie für die Zielgruppe der jeweiligen Webseite sind, sehr positiv. Das heißt, dass eine Verlinkung unserer Webseite auf eine Webseite mit Damenunterwäsche in Übergrößen, für das Such-Ranking dieser Webseite weniger hilfreich wäre, als eine Verlinkung auf eine Webseite eines Online-Brokers. Die Qualität dieser Verlinkungen bzw. dessen Inhalt nennt man auch „Link-Juice". An diesem hochpotenten „Saft" sind gerade die großen Unternehmen im Onlinebereich interessiert. Je mehr qualitativ hochwertige Backlinks sie nämlich erzeugen, umso besser wird ihr Ergebnis (Ranking) bei Online-Suchanfragen (z. B. bei Google). Das Ranking wiederum entscheidet darüber, wie häufig eine Webseite durch Besucher und Interessenten, also potentielle Kunden, angesteuert wird oder nicht..

Infolgedessen haben wir im vergangenen Jahr mehr als 20 Anfragen von Online Werbeagenturen erhalten. Diese werden von ihren Auftraggebern damit beauftragt, qualitativ hochwertige Backlinks zu generieren, und wenden sich daraufhin an relevante Nischen-Webseiten und Blogs. In der Regel erfolgt dann ein Austausch zwischen Werbeagentur und Webseite. Die Werbeagentur erstellt einen qualitativ hochwertigen Artikel (alternativ kannst Du diesen auch selbst erstellen) und bringt darin die Ziel-URL ihres Kunden unter. Für die Veröffentlichung auf Deiner Webseite bezahlt sie Dir dann Geld. Dies ist zwar per Definition kein ausschließlich passives Einkommen, aber die Veröffentlichung kostet Dich so gut wie keine Zeit, da der Artikel bereits geschrieben und vorformatiert ist. Wir veröffentlichen zum Beispiel keine Artikel unter einer Gebühr von 200 Euro pro Artikel. Veröffentlichung, Rechnungsstellung und Rechnungsversand kosten uns maximal 15 Minuten Zeit. Ein Stundenlohn von ca. 800 Euro. Zwar nicht völlig passiv, dafür aber durchaus lohnend. Passiv in diesem Beispiel ist allerdings der Inhalt des Artikels, den Du nicht erstellen musst, sowie die Werbung und Akquise, die Deine Webseite für Dich vollautomatisch macht (24 Stunden am Tag, 7 Tage die Woche). Mit minimalem Arbeitsaufwand konnten wir bereits Artikel im Gegenwert von mehreren Tausend Euro veröffentlichen. Aber Achtung: Die Arbeit haben wir zuvor in die Erstellung eines qualitativ hochwertigen und zielgruppenspezifi-schen Blogs gesteckt. Wäre unser monatlicher Traffic höher, könnten wir bestimmt ein vielfaches des Artikelpreises verlangen. Du kannst Backlinks übrigens auch aktiv verkaufen, z. B. bei Backlinkseller.

Die Punkte # 3 und # 4 sind noch etwas umfangreicher. Daher gehe ich auf sie in späteren Kapiteln gesondert ein.

In nur 6 Schritten mit Deinem eigenen Blog durchstarten

<u>Schritt # 1 Wert schaffen mit einer besonderen Fähigkeit</u>
Diese Frage stellen sich viele Menschen, die ihr „Glück" in der digitalen Welt finden wollen. Aus meiner Sicht ist hierfür eine Fähigkeit beziehungsweise eine Leidenschaft oder wenigstens ein starkes Interesse an einer Thematik unabdingbar. Dies gilt übrigens online wie offline! Beantworte daher folgende Fragen:

* Was bereitet Dir besonders großen Spaß?
* Was kannst du besonders gut?
* Worin liegen Deine Talente und Stärken?
* Gibt es etwas, das Du schon immer tun oder verwirklichen wolltest?
* Wie wäre es, dies in einem digital dokumentierten Selbstversuch zu zelebrieren und damit nebenher Geld zu verdienen?

Gerade eigene Erlebnisse und Erfahrungsberichte sind meist sehr viel beliebter und glaubwürdiger als nüchterne und oberprofessionell wirkende Analysen. Schließlich steht hier Deine Persönlichkeit im Vordergrund. Du schaffst eine Grundlage, sich mit Dir als Person und damit auch mit den von Dir angebotenen Produkten zu identifizieren. Einer der ultimativen Schlüssel zu erfolgreichem Online Marketing!

Bevor Du also online loslegen kannst, gilt es, diese Fähigkeiten und Leidenschaften zu identifizieren. Sonst wirst Du schneller von Deinem Weg abfallen, als Du es für möglich hältst. Diesen Weg zu finden wird Dir Ausdauer, Geduld, Einsatz und nicht zuletzt eine gute Anleitung abverlangen. Da er für mich allerdings eine der ultimativen Voraussetzungen ist, möchte ich Dir zur Klärung dieser Fragen die Bücher „Entdecke das Glück des Handelns: Überwinden was das Leben blockiert", von Hans-Werner Rückert, sowie „Das Café am Rande der Welt", von John Strelecky, ans Herz legen. Die Quelle der Kundenzufriedenheit ist es nämlich, Mehrwert für den Kunden zu erzeugen.

Es muss Dir (in jedem Geschäft) gelingen, Werte zu schaffen. (Mehr)Wert schaffst Du, indem Du die Probleme Deiner Kunden / Zielgruppe löst.

Das wiederum ist aus meiner Sicht langfristig nur möglich, wenn Du etwas mit Eifer verfolgst und bereit bist, Deine Persönlichkeit, Deine Seele und sehr viel Arbeit hineinzustecken. Talent allein ist nicht ausreichend. Konzentriere Dich also darauf mit Deinen Fähigkeiten Werte zu schaffen und diese gemäß der Prinzipien des passiven Einkommens (Skalierung und Automatisierung) zu verkaufen. Ein Wert entsteht, wenn Du Probleme löst. Je mehr Menschen dieses Problem haben (Nachfrage), umso größer wird der Wert, den Du mit Deiner Lösung (Angebot) für sie schaffst.

Kläre diese Fragen, bevor Du weitere Schritte verfolgst. Sie sind fundamental für Deinen persönlichen, finanziellen und unternehmerischen / beruflichen Erfolg. Einmal Klarheit darüber gewonnen, ist es ein Kinderspiel, Deine Botschaft nach außen zu tragen. Wie Dir dies Schritt-für-Schritt, mit einem eigenen Blog / eigener Webseite, schnell und einfach gelingt, erfährst Du auf den kommenden Seiten – viel Erfolg!

Schritt # 2: Open Source Software zur Webseitenerstellung

Gerade zu Beginn sollte eine eigene Webseite so geringe Kosten wie möglich verursachen. Damit schaffst Du einen gesunden Boden für das Wachstum Deines monatlichen Cashflows. Greife daher auf kostenlose Cloud-Lösungen wie z. B. „Wordpress" zurück. Wordpress startete dereinst als Open Source Software für Blogger. Mittlerweile greifen jedoch auch renommierte Unternehmen auf Wordpress zurück. Schließlich wurden im Laufe der Jahre unzählige Zusatzmodule entwickelt, die auch anspruchsvolle Wünsche befriedigen. Von integrierbarer Shop-Software über Mailing-Systeme und Pop-up Fenster sind lediglich einige kurze Installationsschritte notwendig, um die eigene Webseite mit allem notwendigen auszustatten. Darüber hinaus kannst Du Deiner Webseite, dank abertausender Templates, einen ganz individuellen Look geben. Programmierkenntnisse werden weder für das Aufsetzen von Wordpress, noch für die Installation der Zusatzmodule, sogenannte

Plugins, benötigt. Nichtsdestotrotz kann das Programm, da Open Source, mit Programmierkenntnissen nach Belieben verändert und modifiziert werden. Besitzt Du diese Kenntnisse nicht, genügt zumeist eine Umfrage im Freundeskreis, ein Aushang an der Fakultät für Informatik oder die Suche über eine Freelancer-Plattform wie upwork.com oder gar fiverr.com, um Dir das fehlende Knowhow relativ günstig hinzuzukaufen.

Schritt # 3: Webhoster mit Webspace sichern
Eine Webseite existiert natürlich nicht im luftleeren Raum. Daher brauchst Du einen Webhoster und sogenannten Webspace. Bei Deinem Webhoster registrierst Du die Domain Deiner zukünftigen Webseite. Die Domain ist der Name bzw. die URL. Der Webspace ist ein begrenzter Platz auf einem Server (Cloud). Dort lagern Deine Daten und können von anderen Nutzern abgerufen werden. Diesen Webspace inklusive Domain kannst Du bereits ab 5 Euro monatlich haben. Und mehr brauchst Du erst einmal nicht! Dein Projekt zeichnet sich durch sehr überschaubare laufende Kosten aus. Das Potential Deiner Webseite ist allerdings unbegrenzt! Du zahlst für einen einzigen Besucher im Monat genauso viel wie für eine Million.

Pro-Tipp
Ideal sind Domainnamen, die Deiner Zielgruppe unmittelbar anzeigen, worum es auf Deiner Seite geht. Da es unser Ziel ist, Deinen Webauftritt einer möglichst großen Zielgruppe zugänglich zu machen, spielt hier auch die Suchmaschine Google eine zentrale Rolle. Je höher Du bei Suchanfragen positioniert bist, umso besser. Diese Position ist nach wie vor auch stark von Deinem Domainnamen abhängig. Unsere erste Webseite www.geldsystem-verstehen.de rankt beispielsweise immer noch auf den ersten Plätzen bei der Suchanfrage „Geldsystem", obwohl wir sie nur noch sporadisch mit Artikeln füttern und die Konkurrenz tagtäglich zunimmt.

Schritt # 4: FTP-Server installieren

Nun hast Du Wordpress heruntergeladen, Dir einen toll klingenden Webseitennamen ausgedacht und Webspace registriert. Es kann also losgehen, oder? Nein! Im letzten Schritt benötigst Du ein Programm, um auf einen FTP-Server zugreifen zu können. Dein individueller Zugang zu Deinem Webspace kann sowohl als persönliche Cloud dienen, ist aber vor allem wichtig, um die Installation von Wordpress durchzuführen. Auch hier gibt es mit Filezilla eine kostenlose Open Source Lösung.

Schritt # 5: Der Onlineshop

Grundsätzlich eröffnen sich Dir für den Verkauf von Produkten und Dienstleistungen im Online-Bereich 3 Wege. Du kannst einen Online-shop auf Deiner Webseite integrieren, einen eigenen externen Online-shop erstellen (lassen) oder über eine der unzähligen Online-Plattformen verkaufen (Amazon, Elopage, Udemy, Shutterstock, Zazzle, etc.).

Option drei ist besonders einfach umzusetzen. Für diesen Service werden allerdings auch zusätzliche Kosten (Provision für den Anbieter) fällig. Der Vorteil ist jedoch, dass Du nicht nur unmittelbar anfangen, sondern auch zusätzliche organische Verkäufe erzielen kannst, da Du direkt am sogenannten Point of Sale (POS) verkaufst. Personen, die durch diese Plattformen surfen, ist bewusst, dass dort Produkte und Dienstleistungen verkauft werden. Sie recherchieren somit nicht nach Informationen, sondern nach einer Lösung für ihr Problem, die man käuflich erwerben kann. Kontodaten oder die Kreditkarte sind in der Regel bereits im System hinterlegt und der Kaufprozess sicher, transparent und unkompliziert. Zudem wissen die Kunden, dass sie mit einem raschen Versand rechnen können. All dies sind essentielle Bestandteile des Online-Marketings und beeinflussen die Konversionsrate enorm.

Option eins und zwei wiederum unterscheiden sich nur geringfügig voneinander. Ein eigener Shop, ob integriert oder extern, bedeutet, dass Deine Marge steigt, da keine Provision für den Plattformbetreiber zu bezahlen ist. Dennoch bleiben Dir nur selten 100 Prozent Deiner

Gewinne (Preis minus Herstellungskosten), da die meisten Kunden über externe Zahlungsanbieter (z. B. per PayPal oder Sofortüberweisung), per Kreditkarte oder per Lastschrift bezahlen. Damit werden Gebühren fällig, die zum Teil stark variieren und bis zu 5 Prozent des Kaufpreises betragen können.

Du siehst also, dass es sich bei der Installation eines Onlineshops um eine weitreichende Entscheidung handelt. Lasse hier also besondere Vorsicht walten und wäge sorgfältig ab, ob sich ein eigener Shop, gerade zu Beginn, überhaupt für Dich lohnt. In den Ressourcen findest Du je einen integrierten und einen externen Onlineshop, die Schnittstellen mit Wordpress, diversen Zahlungsanbietern sowie zur automatischen digitalen Rechnungserstellung verfügen bzw. über eine eigene verfügen.

Ganz besonders achten solltest Du auch auf die jeweils rechtlich geltenden Grundlagen. Ohne Impressum, allgemeine Geschäftsbedingungen (AGBs), Widerrufsrechtsbelehrung, Datenschutzbelehrung sowie Kontaktdaten begibt man sich im Online-Bereich sonst auf gefährliches Fahrwasser. Diese Informationen müssen grundsätzlich von jeder Seite Deiner Webseite direkt erreicht werden können. Noch etwas komplizierter gestaltet sich die Situation bei einem eigenen Onlineshop. Gehe daher also auf Nummer sicher und sichere Dich an dieser Stelle am besten anwaltlich ab. Erste Informationen und qualitativ hochwertige Vorlagen kannst Du bei e-recht24.de kostenlos erstellen lassen.

Schritt # 6: Mache Dich mit den Megamärkten und SEO vertraut

Grundsätzlich macht es Sinn, Dir einen Webauftritt zu schaffen, der Besucher in Interessenten (Leads) oder Kunden (Verkauf) verwandelt. Hierbei gibt es einige ganz besonders lukrative Nischen, deren Aufzählung hier auf keinen Fall fehlen darf. Sie ergeben sich alle als Folge der emotionalen Kauftreiber „Glück empfinden, bzw. Erfolg ausbauen" sowie „Schmerz vermeiden, bzw. bestehenden Schmerz verringern". Anhand der Bedürfnispyramide von Abraham Maslow kannst Du unendlich viele Nischen finden. Sie ergibt sich aus den 5 aufeinander aufbauenden Bedürfnishierarchien aller Menschen:

- #1: Körperliche Bedürfnisse (Essen, Trinken, Schlafen, Sexualität)
- #2: Sicherheitsbedürfnisse (materielle und berufliche Sicherheit)
- #3: Soziale Bedürfnisse (Gruppenzugehörigkeit, Kommunikation, Partnerschaft, Freundschaft, Liebe)
- #4: Individualbedürfnisse (Anerkennung, Geltung, Selbstakzeptanz, Selbstbewusstsein, Erfolg)
- #5: Selbstverwirklichung (Individualität, Spiritualität, Dankbarkeit, Selbstlosigkeit, Helfen)

Anhand dieser Bedürfnisse gibt es 9 besonders lukrative Märkte, die auch langfristig lukrativ bleiben werden und innerhalb derer garantiert eine Nachfrage nach Deinen Produkten oder Dienstleistungen besteht:

- #1: Gesundheit und Fitness
- #2: Ernährung (Diät)
- #3: Geld verdienen und Geld sparen
- #4: Beziehungen und Dating
- #5: Motivation und Erfolg
- #6: Business und Entrepreneurship
- #7: Marketing und Werbung
- #8 Spiritualität, positive Psychologie und Selbstverwirklichung
- #9: Produktivität, Leistung, Zeitmanagement und Stressmanagement

Darüber hinaus musst Du Dir, für den Erfolg im Onlinebereich, Kenntnisse über die Suchmaschinenoptimierung (SEO = Search Engine Optimization) aneignen. Auch dies ist ein eigenes Feld für sich, daher kann sie im Rahmen dieses Buches nur kurz erwähnt werden. Bei tieferem Interesse verweise ich Dich an das Standardwerk „Suchmaschinen-Optimierung*" von Sebastian Erlhofer.

Mit etwas Geschick kannst Du bereits morgen erste Besucher auf Deinen Blog schicken und beginnen, eigene oder fremde Produkte oder Dienstleistungen anzubieten und zu verkaufen. Aber denke daran, dass gerade ein Blog von regelmäßigen Veröffentlichungen lebt. Deine Leserschaft bzw. Fangemeinde erwartet das von Dir und hält Dir bestimmt die Stange, wenn du sie nicht enttäuschst! Das ist jedoch mit aktiver Arbeit verbunden..!

Damit Dir der Start möglichst schnell und professionell gelingt, ist es daher unbedingt anzuraten, Dienste auszulagern. Gegen geringes Geld kannst Du auf Plattformen wie www.upwork.com Artikel schreiben, Blogs aufsetzen und Suchmaschinenoptimierung betreiben lassen. Konzentriere Dich in Deinem Business immer nur auf das, was Du am besten kannst. Den Rest lagere konsequent an Spezialisten und Experten aus!

Ressourcen

- Google AdSense (kostenlos)
  → https://www.google.de/adsense/start/
- Backlinks verkaufen
  → http://www.backlinkseller.de/
- Wordpress (kostenloser Download)
  → https://de.wordpress.com/
- Kostenlose Wordpress-Plugins
  → https://de.wordpress.org/plugins/
- Integrierter Onlineshop für Wordpress mit Schnittstelle zu Fastbill
  → https://easydigitaldownloads.com/
- Externer (deutscher) Onlineshop-Anbieter
  → https://www.strato.de/
- Filezilla (kostenloser Download)
  → http://www.chip.de/downloads/FileZilla_13011076.html
- Webspace Anbieter für Wordpress
  → https://all-inkl.com/
- Tutorial eine Wordpress-Webseite in <10 Minuten zu erstellen
  → http://y2u.be/lGTuUVcQrzQ

Eine Email-Liste aufbauen und lebenslang profitieren

„Es ist nicht selten leichter, das Unrealistische zu tun,
als das Realistische."
– Timothy Ferris

Wer sich im Online-Marketing bewegt, hört bereits seit Jahren gebetsmühlenartig wiederholend die Aussage *„das Geld liegt in der Liste!"* Lange Zeit hatte ich keinen Schimmer, wie richtig diese Aussage sein sollte und welch' weitreichende Folgen sie haben kann. Heute weiß ich, dass eine qualitativ hochwertige Kontaktliste, bestehend aus Interessenten und Kunden, entscheidend für den langfristigen Erfolg eines Online-Business ist. Eine qualitativ hochwertige Email Liste kann Dich langfristig finanziell frei machen. Bedenke das unbedingt, wenn Du Dein Projekt startest, und erinnere Dich regelmäßig an diesen Fakt. Selbst wenn Du noch über eine überaus geringe Reichweite verfügst, sollte der Aufbau einer Email-Liste von Anfang an ein wichtiger Baustein Deiner Strategie sein.

Was bedeutet Listenaufbau?

Eine qualitativ hochwertige Liste mit Interessenten und Kunden entscheidet in vielen Online-Unternehmungen über wohl oder übel der
Umsatzentwicklung. Einer der wichtigsten Schritte im Onlinegeschäft
ist es, Deine Zielgruppe so gut wie möglich zu kennen und an ihre Kontaktdaten zu gelangen. Zu den wichtigsten Kontaktdaten zählen neben
der Email-Adresse auch ein Vorname. Rechtlich gesehen darf man in
Deutschland allerdings nur jene Daten obligatorisch abfragen, die zur
Kontaktaufnahme unbedingt benötigt werden. Damit darfst Du bei der
Aufnahme der Kontaktdaten im Onlinegeschäft ausschließlich die
Email-Adresse als Pflichtfeld abfragen. Alle weiteren Angaben müssen
freiwillig bleiben. Frage daher lediglich die Email-Adresse und den Vor-
namen ab. Schließlich sinkt die Eintragequote mit jedem weiteren aus-
zufüllenden Feld signifikant. Mithilfe der Ressourcen „InstaBuilder für
Wordpress" sowie einem Email-Marketing-Programm, kannst Du noch
heute in wenigen einfachen Schritten erste Datensätze generieren. Je
genauer diese Kontakte nun mit Deiner Zielgruppe übereinstimmen,
umso qualitativ hochwertiger sind sie.
Diese stetig wachsende Liste kannst Du dann, mit automatisierten
Emails (sog. Autoresponder) mit Mehrwert und konkreten, passenden
Angeboten beliefern. Im Fachjargon nennt man die Kontaktdaten von
Interessenten oder Kunden Leads. Darunter fallen am Thema Interes-
sierte, Fans, Kunden und Unterstützer! Je mehr qualitativ hochwertige
Leads Du in Deiner Liste ansammelst, umso eher wirst Du mit ihnen
auch Geld verdienen können. Schließlich kannst Du somit Deine
Angebote genau auf die Interessen Deiner Zielgruppe ausrichten.

Wie funktioniert Listenaufbau?

Deine eigene Email-Liste aufzubauen ist gar nicht so schwer, wie Du vielleicht denken magst. Wahrscheinlich fragst Du Dich im Moment in erster Linie, wie Du an die Email-Adresse Deiner Zielgruppe, also Deine zukünftigen zahlenden Kunden, gelangst. Dann denke doch einfach an Dein eigenes Email-Postfach. Bestimmt erhältst auch Du jeden Tag Newsletter und Werbemails. Angefangen bei Emails interessanter Blogs, die tatsächlich einen Mehrwert bereitstellen, bis hin zu den Angeboten diverser Reiseplattformen, die uns ständig suggerieren, dass die Flucht vor dem trüben Job-Alltag in die karibische Wärme immer nur einen Mausklick entfernt sei. Für die meisten dieser Emails hast Du Dich selbst einmal eingetragen (einige Anbieter verkaufen sie auch weiter..).

Und genau das wollen wir uns zu eigen machen. Da viele Menschen heutzutage durch überquellende Spam-Ordner skeptisch geworden sind, gilt es, Deiner Zielgruppe zunächst ein unwiderstehliches Angebot zu machen. Ein Angebot, für das sie bereit ist, Dir ihre Email-Adresse anzuvertrauen. Diesem Austausch liegt das „Gesetz der Reziprozität" zu Grunde. Es besagt, dass ein Empfänger deutlich eher dazu neigt, etwas zurückzugeben (Kauf, Email-Adresse, etc.), wenn er zunächst etwas kostenlos erhält (Mehrwert, Artikel, etc.). Die beste Strategie ist daher, ein spezifisch auf Deine Zielgruppe zugeschnittenes Angebot zu erstellen, das unmittelbar zugänglich ist. In der Regel werden hierfür folgende Produkte genutzt:

- → Ebooks
- → Checklisten
- → MP3s (Hörbücher, Anleitungen, etc.)
- → Videos (meist Tutorials)

Je nach Zielgruppe empfehlen sich andere Produktgruppen. Eine besonders hohe Konversionsrate (Eintragerate der Email-Adresse) kannst Du Dir versprechen, wenn Dein angebotenes Produkt einen besonders hohen wahrgenommenen Wert suggeriert. Diesen kannst Du sogar vor der Eintragung an einer beliebten Stelle anbringen, z. B. „Lade Dir jetzt das Ebook „10 Schritte für Anfänger, einen Chihuahua zu trainieren" im Wert von € 27,00 kostenlos herunter!"

Damit kommen wir auch direkt auf den wesentlichen Aspekt Deines kostenlosen Angebots, auch Lead-Magnet genannt, zu sprechen. Du musst mit Deinem Lead-Magneten ein Problem Deiner Zielgruppe lösen. Je spezifischer Du dies tust (Chihuahua Training für Anfänger), umso passgenauer wird die Liste Deiner Zielgruppe und umso einfacher machst Du Dir später die Arbeit neue Produkte zielgruppengenau zu erstellen sowie diese zu bewerben. Die Problemlösung steht daher immer im Vordergrund. Es ist daher besser, eine kurze Checkliste anzubieten, die hohen kondensierten Mehrwert beinhaltet, als ein 40-seitiges Ebook voller unwichtiger Phrasen. Grundsätzlich gilt, dass insbesondere Tutorials in Videoform (Du kannst z. B. auch eine 3-teilige Videoserie zu einem Thema anbieten) einen besonders hohen wahrgenommen Wert besitzen.

Die technische Umsetzung

Wie funktioniert der Prozess der Email-Eintragung technisch? Dafür stehen Dir heute eine Vielzahl von Plug-ins oder Direktanbieter zur Verfügung. Du wirst also schon bald, selbst als digitaler Laie, kinderleicht Deine ersten Leads generieren. Alles was Du hierfür benötigst, ist eine sogenannte Squeeze-Page. Darunter versteht man eine statische Webseite, auf der ein Interessent seine Email-Adresse (normalerweise im Tausch gegen ein kostenloses digitales Produkt) eintragen kann. Squeeze-Page deshalb, weil wir hier die Email-Adresse „herausquetschen". Die Squeeze-Page musst Du anschließend noch mit Deinem Email-Programm verbinden. Die deutsche Gesetzeslage schreibt uns jedoch das sogenannte „double opt-in" Verfahren vor. Wenn sich ein Interessent in Deine Liste einschreibt, musst Du ihm zunächst einen Bestätigungslink zukommen lassen. Erst nachdem der Interessent per

Klick auf den Link bestätigt, dass er in Deinen Email-Verteiler aufgenommen werden möchte, darfst Du ihn auch aktiv mit Inhalten und Angeboten kontaktieren. Beachte das, sonst machst Du Dich strafbar!

Damit sich nun ein Interessent überhaupt für Deinen Email-Verteiler eintragen kann, muss er auf das Angebot Deiner Squeeze-Page aufmerksam werden. Dies kannst Du auf viele verschiedene Wege erreichen. Du kannst den Interessenten über Popups auf Deiner Webseite, statische auf Suchmaschinenanfragen optimierte Einzel-Webseiten (sog. Landingpages), gute suchmaschinenoptimierte Blogartikel, YouTube-Videos, oder auch bezahlte Google- oder Facebook-Werbung auf Dein kostenloses Produkt aufmerksam machen (siehe Folgekapitel: Traffic). Häufig erhöht die Kombination verschiedener Ansätze Deine Reichweite nochmals enorm!

Ganz egal wie weit Du mit Deinem Projekt bist, beginne noch heute damit, erste Email-Adressen einzusammeln! Ich habe dies mehrere Jahre lang vollkommen außer Acht gelassen und damit vermutlich tausende Leads und Zehntausende Euro verschenkt! Die Email-Adresse wird im digitalen Zeitalter zum wertvollsten Gut überhaupt und ein großer und relevanter Email-Verteiler kann Dich finanziell frei machen. Eine relevante Email-Liste ist daher einer der effektivsten passiven Einkommensströme überhaupt! Schließlich sind die meisten Email-Programme heute in der Lage Emails vollkommen automatisiert und anhand gewisser Präferenzen, Interessen oder Verhaltensweisen vollautomatisch zu versenden. Du besitzt damit einen digitalen Vertriebsmitarbeiter, der nahezu kostenlos die Werbetrommel für Dich rührt – und zwar rund um die Uhr!

Ressourcen

- Instabuilder 2.0 (Wordpress Plug-in, das nicht nur vorgefertigte Squeeze-Pages anbietet, sondern auch über eine Vielzahl von Landingpages und Salespages verfügt)
  → Kosten: ca. 80 Euro
- UpViral.com* (statische Squeeze-Pages; mit Mailchimp vereinbar; bietet die tolle Option, auf der Danke-Seite durch ein weiteres Angebot oder Gewinnspiel zusätzliche Leads zu generieren. Je besser das Zusatzangebot, umso mehr Reichweite erzeugst Du über UpViral – automatisch!)
  → Kosten: ab 25 Euro / Monat
- Leadpages.com (statische Squeeze-Pages)
  → Kosten: ab 25 Euro / Monat
- MailChimp (Email-Software mit einfachem Autoresponder-System; mit allen gängigen Systemen kompatibel). Bei Anmeldung über diesen Link (http://eepurl.com/cJaoxP*) erhalten Du und ich einen Bonus von je 30 US-Dollar.
  → Kosten: flexibel, ab 5 Euro / Monat

Die Qualität Deiner Liste erhöhen (Relevanz)

Der Qualität Deiner Liste kommt eine große Bedeutung zu. Eine hohe Qualität kann sie nur dann erreichen, wenn Du Deine Zielgruppe kennst und sie scharf abgrenzt. Immer wieder höre ich, auf meine Frage, wer denn nun genau die Zielgruppe sei: „Naja, eigentlich Jeder!" Die befragten Personen sehen das meist als etwas Positives. Damit begehen sie allerdings einen kapitalen Fehler im Marketing. Sie kennen ihre Kunden bzw. Zielgruppe nicht und schaffen damit keine Abgren-zung. Sie wissen nicht, wer ihre Produkte und Dienstleistungen kauft und können diese Zielgruppe daher auch nicht passgenau bewerben (targetieren). Darüber hinaus zeigt diese Aussage, dass man sich bei der Produkterstellung keine Gedanken darüber gemacht hat, wer dieses Produkt überhaupt erwerben soll. Damit ist es später allerdings auch enorm schwer, damit die Probleme einer spezifischen Zielgruppe zu lösen und eine klare und stringente Preispolitik zu verfolgen. Sehr viel wahrscheinlicher verliert man auf diese Weise nicht nur potentielle Kunden, sondern läuft auch Gefahr, dass einige Kunden, da sie nicht der Zielgruppe angehören, mit dem Kauf unzufrieden sind. Im Online-Marketing spricht man daher auch immer wieder von der Relevanz der Zielgruppe (in Deiner Liste). Sie spiegelt die Qualität wider. Die Qualität wiederum steigt, je exakter Deine Zielgruppe in Deiner Liste vertreten ist. Wie gewährleistest Du nun eine hohe Relevanz?

- Mache Dir vollkommen klar, wer Deine Zielgruppe ist (Geschlecht, Alter, Bildungsniveau, Interessen, Kaufstärke, etc.)
- Dort, wo Du wirbst (Blog, Facebook, YouTube, usw.), musst Du mit Deinen Inhalten die Probleme Deiner Zielgruppe so genau wie mög-lich benennen!
- Dein kostenloses Produkt muss genau auf das Problem der Ziel-gruppe abgestimmt sein.
- Du musst die Probleme Deiner Zielgruppe kennen und praxisnah lösen.
- Je höher die Relevanz Deiner Zielgruppe, umso höher die Kaufwahr-scheinlichkeit und umso höher damit Deine Umsätze.

Die Quantität Deiner Liste erhöhen

Während Du die Qualität Deiner Zielgruppe stetig verbesserst, kannst Du damit starten, mehr und mehr Emails einzusammeln. Grundsätzlich gilt, dass eine qualitativ hochwertige Liste immer besser ist, als eine gigantische Liste, die sich wenig bis kaum für Deine Inhalte und Angebote interessiert. Wir begegnen hier einmal mehr dem Grundsatz „Traffic (Quantität) folgt Conversion (Qualität)". Bevor Du also mit der Erhöhung der Anzahl Deiner Email-Empfänger startest, solltest Du deren Qualität sicherstellen. Sonst verläuft der Großteil Deiner Bemühungen im Sande, da Du entweder die falsche Zielgruppe adressierst, oder Deine Email-Leser nicht zu Deiner Zielgruppe gehören und damit entweder nicht kaufen oder mit dem Produkt unzufrieden sein werden. Nachdem Du dies sichergestellt hast, gibt es diverse Möglichkeiten, Deine Liste zu vergrößern.

Grundsätzlich kann man hier zwischen vier Online-Besucherquellen differenzieren: unbezahlter und bezahlter sowie warmer und kalter Traffic.

Die ersten beiden Besucherquellen sollten selbsterklärend sein – die erste kostet kein Geld, die zweite schon. Von warmen Traffic spricht man, wenn ein Besucher entweder bereits Dich / Deine Seite / Deine Produkte kennt, bzw. schon erste Recherchen über das Problem angestellt hat. Er hat damit aktives Interesse bekundet. Diese Qualität des Besucherverkehrs ist sehr gut, da sie auf Dein Angebot mit einer sehr viel größeren Wahrscheinlichkeit positiv reagiert und Du in der jeweiligen Nische einen Vertrauensbonus erhältst. Mehr Vertrauen ist im Marketing immer gleichbedeutend mit mehr Verkäufen. Von kaltem Traffic spricht man bei Personen, die Du mit Deinem Angebot „überraschst", da sie nicht darauf vorbereitet sind. Diese Personen zu Interessenten zu machen und letztendlich in Kunden zu verwandeln, ist die Königsdisziplin im Online-Marketing. Da das Thema „Listenaufbau" jedoch ein weiteres Buch füllen könnte, solltest Du Dich hier unbedingt selbst weiter informieren.

Einen empfehlenswerten Blogartikel zum Thema Listenaufbau findest Du unter https://blog.trialta.de/wie-vergroessere-ich-meinen-e-mail-verteiler. Das beste und praxisorientierteste Buch auf dem deutsch-sprachigen Markt hierzu ist „Generierung von qualifizierten Email-Adressen" von Frank Stryzewski. Damit Du aber auch ohne große theoretische Kenntnisse direkt zur Tat schreiten und Deinen Interessentenstamm (Liste) erfolgreich vergrößern kannst, gebe ich Dir im folgenden eine praktikable Kurzanleitung.

Unbezahlten Traffic generierst Du z. B. über..

.. einen eigenen oder fremden Blog, auf den die Besucher vor allem über Suchmaschinenanfragen zu bestimmten Themen (i. d. R. Problemen) gelangen (warm).

.. einen eigenen oder fremden YouTube-Kanal, auf den die Besucher entweder über direkte Suchanfragen zu einem Thema (i. d. R. Problem) oder andere, themenverwandte Videos gelangen (warm).

.. eine eigene Facebook-Fanseite, die mit einer Email-Liste vergleichbar ist, die Dir einen unmittelbaren Zugang zu Deiner Zielgruppe (Followern) erlaubt (i. d. R. warm).

.. Posts in Facebook-Gruppen über Deine Facebook-Fanseite oder Dein persönliches Facebook-Profil (warm). Damit kannst Du kostenlos sehr spezifische Zielgruppen ganz genau mit interessanten und hilfreichen Inhalten adressieren und sogar eine direkte Interaktion aufbauen (aktive Interessenten- bzw. Kundenbindung)

.. Bilder-Posts auf Deinem Instagram-Account kannst Du, durch die Wahl der richtigen Hashtags (#), theoretisch eine unendlich große passgenaue Zielgruppe erreichen.

Bezahlter Traffic, z. B. über..
.. passgenaue Facebook-Werbung
.. passgenaue Google-Ads

<u>Profi-Tipp</u>

In der Regel ist die Bewerbung eines guten Blogartikels, über den Du anschließend die Email-Adresse einsammelst (über ein Pop-up oder die große Anzeige des gratis Angebots), deutlich günstiger, als die direkte Bewerbung Deines Lead Magneten. Dies ist ein Geheimnis, das heute noch immer unbekannt ist. Grundvoraussetzung hierfür ist jedoch ein sehr guter Artikel, der die Zielgruppe trifft, Mehrwert liefert und natürlich auf das kostenlose Produkt (Lead Magnet) verweist. Ich habe aber auch mit der direkten Bewerbung von Lead Magneten in Facebook sehr gute Erfahrungen gemacht. Derzeit kostet mich ein Lead, den ich über Facebook generiere, ca. 20 Cent (alles unter 1 Euro ist gut).

Professionelles Funneling

Nun fragst Du Dich bestimmt: „Ja, aber wie schaffe ich es nun, mit meiner Email-Liste (passiv) Geld zu verdienen?" Die dafür notwendige Strategie nennt man „Funneling". Funneling ist aus dem modernen Online-Marketing nicht mehr wegzudenken. Das Wort „Funnel" kommt aus dem Englischen und heißt Trichter. Es geht also darum, einen digitalen Trichter aufzubauen, in den Du oben Personen hineingibst und unten Kunden herausbekommst. Betriebswirtschaftlich betrachtet hast Du einen effektiven „Funnel" entworfen, wenn Du oben etwas Geld hineinwerfen kannst (zum Beispiel durch bezahlte Social Media Werbung) und am Ende Deines Trichters etwas mehr Geld heraussprudelt. Diese Formel kannst Du dann rein theoretisch unendlich skalieren und damit auch Deine Gewinne unendlich erhöhen.

Der Ablauf des Funneling ergibt sich aus der Aufeinanderfolge der vorangegangenen Kapitel. Zum besseren Verständnis habe ich dafür eine grafische Darstellung entworfen (siehe Folgeseite). So und nicht anders sieht gutes Funneling aus. Nachdem Du einen Interessenten (Lead) gewonnen und ihm das versprochene kostenlose Produkt zugesandt hast, geht es ans Verkaufen. Da die Menschen gerade im Internet zunehmend sensibler werden, sollte dieser Verkaufsprozess aber gar nicht erst wie ein solcher wirken. Der Verkauf sollte für Dich auch gar nicht an erster Stelle stehen. Vielmehr solltest Du alles daran setzen, Deine Leads mit maximalem Mehrwert für das jeweilige Problem zu versorgen. Du willst, dass sie jedes Email von Dir mit Spannung erwarten und bereits wissen, dass sie ihre Zeit nicht vergeuden werden, wenn sie Deine Emails öffnen. Vielmehr sollten Deine Inhalte derart gut sein, dass sie am Ende bereits nach dem nächsten Email lechzen!

Dadurch baust Du wertvolles Vertrauen zu Deinen Lesern auf (und aus).

PROFESSIONELLES
FUNNELING

PROBLEM

(Un)bezahlter Traffic

Zu Beginn steht eine aktive oder passive Suche des potentiellen Kunden nach Lösungen seines Problems.

DEINE LÖSUNG

Blogartikel, Video, Audio per Blog, YouTube, Podcast, etc.

Tausch des Lead-Magnets Deiner Squeeze-Page gegen die Email-Adresse.

EINTRAGUNG

Zusendung des kostenlosen Produkts.

Eintragung in den Email-Verteiler → Bestätigungsmail (opt-in) versenden.

ERSTE EMAILS

Gib so viel Wissen, wie Du kannst.

Mehrwert bieten. Du willst das Problem des Interessenten lösen! Es geht darum, Vertrauen aufzubauen!

ANGEBOTSMAIL

Ab der 5. Email mit Mehrwert kannst Du beginnen, Angebote für Produkte und/oder Dienstleistungen zu machen.

Verweise Deine Interessenten an den Shop bzw. die Salespage.

WIEDERHOLUNG

Setze einen Email-Autoresponder auf und wiederhole die letzten beiden Schritte immer wieder!

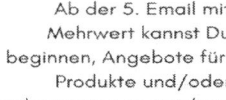

Dieses Vertrauen ist notwendig, um später höhere Verkaufskonversionsraten zu erzielen. Je mehr Dir Deine Interessenten (und Kunden) vertrauen, umso eher sind sie geneigt, Deine Produkte (erneut) zu erwerben! Daher ist es wichtig, dass Du nicht andauernd Werbeangebote versendest, sondern eine gewisse Taktung einhältst. Im Online-Marketing spricht man davon, dass man erst einmal 7 Emails mit Mehrwert senden sollte, bevor man das erste Angebot unterbreitet. Hier solltest Du jedoch stark differenzieren und unbedingt Deine eigenen Erfahrungen sammeln. Schließlich gilt auch, dass ein Lead gerade zu Beginn besonders heiß ist und es vollkommen natürlich ist, dass das Interesse im Laufe der Zeit nachlässt. Ich habe daher, durch Dokumentation und Analyse, meine eigenen Erfahrungen gemacht und strategisch optimiert.

Auch wir versorgen unsere Liste immer erst mit mehreren Emails mit wertvollen Inhalten, bevor wir ein Angebot versenden. Die Inhalte bauen dabei Schritt-für-Schritt aufeinander auf und zielen darauf ab, beim nächsten Angebot eine möglichst hohe Verkaufs-Konversionsrate zu erzielen. In dem Angebots-Email verweist Du Deine Leser darauf, dass sie noch tiefere und weiter gehende Informationen, Services, etc. durch Dein Produkt bzw. Deine Dienstleistung erwerben können. Die Weiterleitung erfolgt schließlich über einen Link auf einen Shop oder eine auf Dein Produkt optimierte Salespage. Diesen Prozess gilt es an jedem Schnittpunkt zu optimieren. Bedenke: Wenn es Dir gelingt, die Konversion an einigen Schnittstellen nur um 1 Prozent zu erhöhen, vervielfachst Du Deinen Umsatz!

Auch wenn Du nun erste Verkäufe erzielst, solltest Du diesen Funnel auf keinen Fall beenden. Ganz im Gegenteil. Kunden, ganz egal wie niedrig oder hoch der Preis war, kaufen schließlich 35 Mal wahrscheinlicher noch einmal bei demselben Anbieter! Die Erhöhung des sogenannten Customer-Lifetime-Value (Lebenswert eines Kunden) sollte also das ultimative Ziel Deines Online-Business sein. Der Trick hierbei ist Kundenbindung. Sie ist sehr viel einfacher und somit auch sehr viel günstiger als Neukundengewinnung. Dementsprechend solltest Du Deine Kunden ganz besonders gut behandeln. Schließlich kann

Dir bereits ein relativ kleiner Kundenstamm ein ordentliches monatliches passives Einkommen bescheren.

Du hast nun das Email-Marketing in seinen wichtigsten Facetten kennengelernt und solltest in der Lage sein, eine Email-Liste aufzubauen und mit dieser schon bald auf Knopfdruck Geld zu verdienen. Einen einfachen Einstieg Deine Liste in bare Münze zu verwandeln bietet das sogenannte Affiliate-Marketing.

Instant passives Einkommen mit Affiliate Marketing

„Die größte Entscheidung Deines Lebens liegt darin, dass Du Dein Leben ändern kannst, indem Du Deine Geisteshaltung änderst."
– Albert Schweitzer

Affiliate-Marketing ist in meinen Augen der einfachste und schnellste Weg im Internet Geld zu verdienen. Als sogenannter Affiliate-Partner bewirbst Du Produkte oder Dienstleistungen Dritter. Damit kannst Du, im Gegensatz zu einem eigenen Produkt oder einer eigenen Dienstleistung, die meist einige Entwicklungszeit in Anspruch nehmen, bereits innerhalb weniger Stunden Dein erstes Geld verdienen.
Als Vertriebspartner einer Plattform oder eines spezifischen Verkäufers erhältst Du Provisionen.

Diese hängen von der Art des Affiliate-Programms ab. Im Onlinegeschäft erfolgt dieser Vertriebsprozess über einen personalisierten Link. Darin enthalten ist ein spezieller Code, der den jeweiligen Partner kennzeichnet. Viele Produktanbieter erleichtern Dir die Werbung, indem sie Dir bereits einsatzfähige Werbemittel zur Verfügung stellen. Der Händler erkennt mittels des Codes, durch welchen Affiliate-Partner der Kunde zu ihm gelangt ist und kann die Umsätze dementsprechend zuordnen. Die Dauer, die Dir dieses Link-Cookie zugeordnet wird, variiert von Anbieter zu Anbieter und kann zwischen 24 Stunden und 365 Tagen betragen. Das bringt, neben dem zeitlichen Verfall des Cookies, eine weitere wichtige Implikation mit sich.

Es gilt nämlich immer nur das Cookie des letzten Affiliate-Partners. Wenn also jemand über Deinen Link etwas z. B. in den Amazon Warenkorb legt, anschließend jedoch weitere Produkte über einen anderen Affiliate-Partnerlink hinzufügt, verfällt Dein Cookie, und die Provision aus dem Verkauf (auch Deines Partnerlinks) wird einzig und allein dem

95

letzten Affiliate-Partner gutgeschrieben (das gilt natürlich auch umgekehrt). Je länger also die Lebensdauer eines Affiliate-Cookies, umso
wahrscheinlicher ist es, dass sich letztendlich jemand anderes Deine
Provision unter den Nagel reißt.

Es gibt mittlerweile eine ganze Reihe verschiedener Provisionsmodelle,
für die Entlohnung Deiner Werbeflächen. Die drei Gängigsten stelle ich
Dir im Folgenden kurz vor.

Pay-per-Click

Wie die Bezeichnung bereits verrät, wirst Du hier pro Klick vergütet. In der Regel erfolgt der Klick auf Werbemittel wie Banner oder Textanzeigen. Das jeweils werbende Unternehmen bezahlt in diesem Fall erst, wenn tatsächlich ein Klick erfolgt. Im Gegensatz dazu gibt es die sogenannte „Pay-per-Ad Impression", die Dich bereits für die Einblendung der geschalteten Werbung entlohnt. Pay-per-Click bzw. Pay-per-Ad Impression Anzeigen werden allerdings erst dann richtig lukrativ, wenn Du eine gewisse Reichweite mit Deinem Blog erreichst, da die Vergütung pro Anzeige bzw. Click im Cent Bereich liegt.

Pay-per-Lead

Durch unsere vorherige Beschäftigung mit Listenaufbau und Funneling bist Du bereits gut mit dem Begriff „Lead" (= Interessent) vertraut. Es geht bei dieser Werbeform darum, Leads für Deine Partner zu generieren. Für die Werbepartner sind dies in der Regel die Vermittlung des Kundenkontaktes. Hier kommt der Begriff Konversion wieder ins Spiel. Klicks alleine zahlen sich hier nicht für Dich aus. Stattdessen ist die Interessenten-Konversionsrate für Dich wichtig. Je nachdem welches Produkt Du bewirbst, kann ein Lead schnell 70 bis 100 Euro wert sein (z. B. Versicherungen).

Pay-per-Sale

Last but not least will ich auf das Pay-per-Sale Modell eingehen. Wie beim Funnel ist auch hier der Verkauf der vorerst letzte Schritt im Verkaufsprozess. Mein Partner Jens und ich nutzen insbesondere die letzten beiden Vergütungsmodelle. Schließlich sind die Vertriebspartner, die ein Pay-per-Sale Modell anbieten, extrem stark und erzielen hohe Konversionsraten. Mit unserem Amazon Partnerprogramm, das wir insbesondere über unseren Blog füttern, schaffen wir eine Konversionsrate jenseits der 5 Prozent. Das tolle an diesem Modell ist, dass sich die Provision nicht nur am Verkauf des jeweils beworbenen Produkts orientiert, sondern Du auch an allen weiteren Verkäufen desselben Bestellprozesses partizipierst. Wir empfehlen auf unserem Blog zum Beispiel interessante, zu den jeweiligen Themen passende Literatur. Klickt eine Person darauf, wird unsere ID-Nummer bei Amazon hinterlegt. Nun ist es egal, was der Kunde bei Amazon innerhalb der kommenden 24 Stunden kauft. Solange er zwischendurch nicht auf einen Affiliate-Link eines anderen Partners klickt, bekommen wir zwischen 5 und 7 Prozent Verkaufsprovision. Sollte sich die Person in dem Moment daran erinnern, dass sie ohnehin einen neuen HD-Fernseher kaufen möchte, und fügt diesem den Warenkorb bei, sind rasch 40 bis 50 Euro verdient – vollkommen passiv und automatisiert.

Wie werbe ich als Affiliate?

Zum Ende dieses Kapitels werde ich Dir eine Reihe verschiedener Plattformen als Ressourcen aufzeigen, über die Du Deine ersten Provisionen erzielen kannst. Wie Du bereits bemerkt hast, kostet auch Affiliate-Marketing Zeit und Arbeit – gerade zu Beginn! Daher empfehle ich Dir, jene Werbemaßnahmen zu nutzen, die Du nur ein Mal einrichten musst, bzw. deren zeitlicher Arbeitsaufwand sich in Grenzen hält. Mit den folgenden 4 Strategien kannst Du noch heute loslegen!

1 – Affiliate-Marketing über Deinen Blog oder Deine Webseite
Gerade auf Deiner eigenen Webseite eigenen sich Affiliate-Links hervorragend (solange sie zum Inhalt passen). Sie können als Textlink oder Display-Banner angezeigt werden.

Bei Werbebannern (z. B. von Google Ads), die Du auf Deiner Webseite unterbringst, erzielst Du häufig eine relativ hohe Konversionsrate. Google (oder auch Facebook) Ads lassen sich nämlich auf ganz spezifische Zielgruppen zuschneiden. Abhängig von den gespeicherten Interessen der Besucher werden auf ein und derselben Webseite völlig unterschiedliche Werbebanner vollkommen unterschiedlicher Produktanbieter angezeigt.

2 – Affiliate-Marketing über Deinen Newsletter
Mit einer Email-Liste besitzt Du Teile einer Zielgruppe mit ganz spezifischen Eigenschaften und Interessen. Je besser Du diese Gruppe, z. B. durch Deinen Lead Magneten, spezifizierst, umso schärfer ist sie abgegrenzt und umso besser kennst Du ihre genauen Interessen. Diese Zielgruppe kannst Du anschließend direkt mit speziell auf sie zugeschnittenen Emails erreichen. Darin kannst Du dann beliebig viel Affiliate-Werbung unterbringen. Beobachte doch mal die vielen Emails, die Du jeden Tag bekommst. Ich bin mir sicher, dass die meisten Deine Interessen sehr genau treffen und Dich auch hin und wieder zum Kauf eines Produktes bewegen, an das Du gar nicht gedacht hast.

3 – Affiliate-Marketing über Social Media

Affiliate-Werbung über Social Media Kanäle ist aus meiner Sicht die schnellste Möglichkeit, online und relativ passiv Geld zu verdienen. Du hast bestimmt ein Facebook Profil, eine Fanseite oder gar eine eigene Gruppe. Wenn nicht, sind diese innerhalb von Minuten eingerichtet. Nun kannst Du in anderen Gruppen, die Deiner Zielgruppe entsprechen, entsprechende Angebote posten oder auch einfach über Deine eigene Fanseite oder sogar Dein eigenes Profil bewerben. Dies funktioniert umso besser, sobald Du einige Fans und Likes gesammelt hast. Wenn Du später Erfahrungswerte errechnest, welchen monetären Wert für Dich in etwa ein Lead darstellt (Berechnung des Customer Lifetime Value), dann kannst Du sogar beginnen, zielgruppengenau bezahlte Social-Media Werbung (Facebook, Instagram, etc.) zu schalten. Entweder Du bewirbst mit Deinen Beiträgen Produkte direkt, oder aber, und das ist meine eher langfristig orientierte Empfehlung, Du bewirbst Deinen Lead Magneten, um mehr Email Leads zu generieren. Für diese Leads baust Du einen Autoresponder, der Affiliate-Links enthält. Dadurch maximierst Du den Customer Lifetime Value und schaffst Dir Schritt für Schritt eine immer größere spezifische Zielgruppe. Facebook bietet darüber hinaus den Vorteil, dass Du Deine Posts bereits im Vorhinein vorbereiten kannst. Es kann also genügen, Dich einmal pro Monat einen Tag lang hinzusetzen und Posts für einen ganzen Monat vorzubereiten. Je nachdem, wie groß Deine Fangruppe ist, kann das genug Geld einspielen, um finanziell frei leben zu können!

4 - Affiliate-Marketing über YouTube

Affiliate-Marketing durch eigene YouTube Videos kann ein weiteres Standbein sein. Schließlich ist YouTube zur zweitgrößten Suchmaschine der Welt aufgestiegen! Millionen von Nutzern besuchen die Plattform tagtäglich. Sie suchen dort nach Lösungen für ihre Probleme oder nach Unterhaltung. Gelingt es Dir, Deiner Zielgruppe mit einem Videoclip Mehrwert zu bieten, wird dies nicht am Algorithmus von YouTube vorbeigehen. Auch hier ist schließlich das Ranking alles entscheidend. Einmal etabliert, kannst Du bereits im Video auf die (Affiliate-)Links in der Beschreibung hinweisen. Denke daher daran, dass Du Deinen Zusehern (und natürlich auch Lesern) zuerst Mehrwert liefern willst – und zwar mehr als alle Anderen in Deiner Nische. Damit machst Du Dich nicht nur zur Autoritätsperson, sondern steigerst auch Deine Konversionsraten. Dein Bankkonto füllt sich dann nahezu automatisch! Darüber hinaus verdienst Du, sobald Deine Videos eine gewisse Reichweite erzielen, zusätzlich Werbeeinnahmen. Auch dies könnte man als pay-per Ad Impression ansehen. Diese sind zwar momentan noch relativ gering, werden aber mit zunehmender Marktmacht und Reichweite YouTubes in Zukunft sicherlich deutlich besser vergütet..

Empfehlenswerte Affiliate-Programme

Nun bist Du bereits ein Richtiger Online-Marketing Profi! Ich habe Jahre gebraucht und tausende Euro verbrannt, um diese Zusammenhänge zu erlernen. Zögere also nicht damit, dieses Modell umzusetzen, denn es funktioniert! Im letzten Schritt stelle ich Dir noch einige besonders erfolgreiche bzw. einfach anwendbare Affiliate-Programme vor. Es gibt nämlich hunderte Plattformen und nicht zuletzt jede Menge intransparente und unseriöse Anbieter. Daher stelle ich auch nur für jene Plattformen vor, die ich kenne und unterstützen kann. Affiliate-Programme für Online-Glücksspiele oder hochriskante Trading-Plattformen sind für mich daher tabu (obgleich sie besonders hohe Provisionen versprechen..).

Man könnte auch mit dem Thema Affiliate-Marketing eine ganze Bibliothek füllen. Wenn Du also etwas tiefer in dieses Thema einsteigen möchtest, empfehle ich Dir das Buch „Affiliate Marketing - Ein Leitfaden für Affiliates und Merchants".

- Google AdSense (pay-per click bzw. pay-per Ad Impression)
- Affili.net (Pay-per Lead/Sale)
- financeAds (Pay-per Lead/Sale)
- check24 (meist pay-per Lead/Sale)
- digistore24 (in der Regel pay-per Sale)
- amazon partnerNet (pay-per Sale und besonders einfach!)

Weitere Modelle, passives Einkommen online aufzubauen

„Ein langer Weg beginnt mit dem ersten Schritt."
– Laotse

Ein Blog, die Email-Liste und Affiliate-Marketing sind aus meiner Sicht die wichtigsten Voraussetzungen, um sich im Onlinebereich ein passives Einkommen aufzubauen. Sie sind für mich die Grundlage, Produkte und Dienstleistungen – ganz egal welcher Art – verbreiten zu können. Insofern habe ich ihnen in diesem Buch auch den Löwenanteil gewidmet. Wenn Du ihre Funktionsweise begriffen hast, kannst Du Dir weitere Standbeine aufzubauen und diese monetarisieren. Den Blog, eine Email-Liste und einen Social Media Auftritt sehe sie als die notwendige – und häufig unterschätzte – Infrastruktur, um im Online-Bereich wirklich erfolgreich zu werden und langfristig passives Einkommen zu generieren.

Nun gibt es aber noch eine ganze Reihe weiterer passiver Online-Einkommensströme.
Eine detaillierte Vorstellung würde jedoch den Rahmen dieses Buches sprengen. Deshalb werde ich Dir im Folgenden nur die am meisten Erfolg versprechenden passiven Einkommenskanäle aufzeigen. Sollten sie Dein Interesse wecken, bitte ich Dich darum, selbst weitere Recherchen anzustellen. Du wirst sehen, dass Dir dies, dank der vermittelten Grundlagen, nicht weiter schwerfallen wird. Die Unterkapitel sind dementsprechend auf schnelle, einfache und praktische Umsetzbarkeit ausgelegt. Schauen wir also, was es noch so alles gibt.

Passives Einkommen mit Videos

Wie bereits erwähnt, ist YouTube zur zweitgrößten Suchmaschine der Welt avanciert. Weil Nutzer eigenständig entscheiden wollen, was sie zu sehen bekommen, sind „On-Demand Plattformen" auf steilem Vormarsch und bieten insofern noch immer jede Menge Platz und Möglichkeiten, Dir ein passives Einkommen aufzubauen.

<u>Inhaltlich wichtig</u>
- Biete den Zuschauern Mehrwert. Das ist auf Videoplattformen in der Regel entweder die Lösung eines zielgruppenspezifischen Problems oder die pure Unterhaltung.
- Versuche mit Deinen Inhalten Viralität (= explosionsartige Verbreitung) zu erzeugen. Dein Video verbreitet sich dann sogar ohne Dein Zutun!
- Kommuniziere ganz klar eine Corporate Identity (Du selbst bist die Unternehmensidentität). Je authentischer Du bist, umso besser können sich Zuschauer mit Dir identifizieren!
- Weise die Zuschauer im Video auf Deine Beschreibung hin, wenn sich dort Links auf Deine Angebote befinden und fordere sie auf, Deinen Kanal zu abonnieren!
- Bleib' am Ball und veröffentliche in regelmäßigen Abständen neue Videos.

<u>Verdienstmöglichkeiten</u>
- Bei YouTube erhältst Du pro 1.000 Videoaufrufe ca. 1 Euro Werbeeinnahmen.
- Bei Vimeo hingegen verlangst Du selbst Eintritt und behältst daher 90 Prozent Deiner Einnahmen.
- Verweise auf: Affiliate-Produkte, eigene Produkte oder Dienstleistungen oder tue Dich mit größeren Unternehmen als Werbepartner zusammen!

Passives Einkommen mit eigenen (digitalen) Produkten

Eigene (digitale) Produkte lassen sich mit gutem Online-Marketing hervorragend in ein regelmäßiges passives Einkommen verwandeln. Besonders reizvoll ist dabei, dass Du kaum Investitionskosten hast und Du nur einem geringen unternehmerischen Risiko ausgesetzt bist. Informationsprodukte zielen in der Regel auf sehr spezifische Probleme innerhalb einer spezifischen Nische ab. Dabei gilt: Je spezifischer das Wissen und/oder je größer das spezifische Problem einer Zielgruppe, umso eher sind Käufer bereit, hohe Preise für das Produkt zu bezahlen. Besonders lukrativ sind Produkte, die mit dem Versprechen daherkommen, einen starken Schmerz (Problem) ihrer Kunden lindern zu können. Solche Nischen kannst Du auch ganz einfach selbst anhand der Bedürfnispyramide von Abraham Maslow (Kapitel 6.5.2) identifizieren. Innerhalb dieser Nischen finden sich die am besten kommerziell verwertbaren Themen für Informationsprodukte. Folgende Formen digitaler Informationsprodukte sind denkbar:

- Ebooks
- Hörbücher
- Video-Serien
- Online Kurse
- Monatliche Mitgliedschaftssysteme

Inhaltlich wichtig
- Du musst kein Experte sein, um ein Produkt zu erstellen. Grundsätzlich lieben die Menschen einen ehrlichen Erfahrungsbericht ohnehin mehr. Sie können sich dann mit der jeweiligen Person und der Situation besser identifizieren.
- Dein Wissensdefizit ist durch detaillierte Recherche wettzumachen.
- Löse mit Deinem Produkt das Problem der Zielgruppe (→ Mehrwert).
- Biete praktische, realistische und umsetzbare Lösungen an.

- Arbeite mit Profis für die professionelle Erstellung des Produktes zusammen (Designer, Sprecher, Programmierer, etc.).
- Erstelle einen Email-Funnel für den Verkaufsprozess.
- Investiere in Kundenbindung. Sie ist viel günstiger als Neukundengewinnung.
- Erstelle regelmäßig neue (durchaus teurere) Produkte für Deine Bestandskunden („upselling-Prozess" im Fachjargon).

Verdienstmöglichkeiten
- Gerade am Anfang sind Vertriebspartner (Amazon, etc.) sehr hilfreich. Sie erlauben es Dir, Dich direkt am Point–of–Sale (Verkaufsort) zu positionieren, und schon am ersten Tag mit Deinem Produkt Umsätze zu generieren.
- Später kannst Du auch auf ein Shopsystem zurückgreifen, um weniger Provisionen an den Vertriebspartner zahlen zu müssen und somit Deine Margen zu erhöhen (digistore24, etc.)
- Onlinekurse und Kongresse sind derzeit besonders lukrativ (bis zu 999€ und mehr!) und können bereits mit sehr geringen Kosten erstellt werden.
- Dein passives Einkommen ist durch bezahlte Werbung theoretisch unendlich skalierbar.
- Funnel: Traffic (bezahlt und/oder unbezahlt) → Squeeze Page → Email-Marketing → Sales Page → Verkauf → Email Marketing → Sales Page → Verkauf, usw.

Passives Einkommen durch Dropshipping

Für dieses Geschäftsmodell benötigst Du eigene oder fremde physische Produkte, die Du weiterverkaufst. Hierfür musst Du jedoch mit Kosten rechnen. Zunächst benötigst Du ausreichend Lagerplatz und einen Shop. Anschließend musst Du sowohl Logistik als auch Versand gewährleisten. Doch damit nicht genug. Du musst Dich auch um Retouren und Beschwerden kümmern. All diese Arbeitsschritte fressen jede Menge Zeit. Genau hierfür gibt es Dropshipping-Profis wie Amazon FBA. Das FBA steht dabei für „Fulfillment by Amazon" und heißt so viel wie „Abwicklung (Logistik und Versand) durch Amazon". Dennoch sind von Dir unternehmerischer Einsatz und betriebswirtschaftliches Denken gefragt. Schließlich wirst Du auf diesem Wege zu einem Zwischenhändler.

Inhaltlich wichtig

- Du kannst z. B. bei größeren Händlern günstig einkaufen (Alibaba, etc.). Großhändler schicken die Ware auch direkt an Amazon. Anschließend verkaufst Du die Waren über die Amazon-Plattform teurer und erzeugst so Gewinne.
- Du kannst die Waren aber auch direkt vom Händler zum Kunden schicken lassen und fungierst damit nur noch als Zwischenhändler.
- Indem Du die Waren beim Händler individuell gestalten lässt und mit Deiner eigenen Marke versiehst („Private Labeling"), schaffst Du gegenüber Deiner Konkurrenz ein wichtiges Unterscheidungsmerkmal (USP).
- Es gibt jede Menge schwarzer Schafe unter den Händlern. Setze Dich, solltest Du Interesse an dieser Einkommensform haben, daher bitte tiefer mit der Thematik auseinander und nimm' vor allem intensiven Kontakt mit Deinen Händlern auf (→ auf Seriosität überprüfen, z. B. per Skype).
- Bestelle immer erst ein Sample, bevor Du größere Mengen bestellst, und überprüfe es auf Qualität und etwaige Produktionsfehler.

- Achte vor allem auf die Parameter Lieferzeit, Produktions- und Versandkosten.
- Du musst hierfür ein Unternehmen gründen. Dazu gehört unter anderem eine Gewerbeanmeldung, die Unterrichtung des Finanzamts, die verpflichtende Mitgliedschaft bei der IHK sowie die Anmeldung bei der Berufsgenossenschaft.

Verdienstmöglichkeiten
- Die Dienstleistungen von Amazon FBA kosten etwas (Einlagerungs- und Versandkosten).
- Das Amazon-interne Bestseller-Ranking entscheidet darüber, ob sich Deine Produkte gut verkaufen. Achte daher auf gute Qualität und die Wahl der richtigen Kategorien.
- Du kannst dieses Geschäftsmodell unendlich skalieren.
- Du kannst später auch weitere Dienste auslagern (Produktbestellungen, Produktentwicklung, Marketing, usw.) und Dein Unternehmen damit sukzessive passivieren.
- Das ideale Produkt sieht folgendermaßen aus: qualitativ hochwertig; Verkaufspreis zwischen 15 und 45 Euro; Marge von mindestens 10 Euro; keine Elektronik; wenig und keine zerbrechlichen Einzelteile; Gewicht geringer als 1,5 kg und in einen Schuhkarton passend (um Versandkosten gering zu halten); wenige/keine Varianten (Farben / Größen / Volumen / etc.); nicht saisonal.
- Idealerweise hat Dein Produkt das Potential, zu einer eigenen Marke zu avancieren!

Dropshipping, insb. Amazon FBA, ist somit ein hervorragendes Geschäftsmodell, um Dich zunächst nebenberuflich selbstständig zu machen. Der Zeitaufwand hält sich in Grenzen und Du kannst mit relativ geringen Investitionskosten das Potential testen. Wenn Du nun Blut geleckt haben solltest, ist der Blogartikel „10 einfache Tipps für die perfekte Amazon FBA Produktidee" genau das richtige für Dich. Darüber hinaus gibt es jede Menge weiterführende Literatur zu diesem Thema. Außerdem gibt es gerade zu diesem Thema bereits viele gute und vor allem kostenlose YouTube-Tutorials. Den Kanal „Private Label Journey" möchte ich hier besonders hervorheben.

Es gibt natürlich noch einige weitere Möglichkeiten, Dir online ein passives Einkommen aufzubauen. Ich habe mich im Rahmen dieses Buches aber dazu entschieden, detailliert auf die Grundlagen des Online-Marketings einzugehen. Hast Du diese verstanden, bist Du in der Lage, jedes Online-Geschäftsmodell zu einem finanziell erfolgreichen Ende zu bringen. Die Prinzipien sind im Onlinegeschäft sehr viel wichtiger als der jeweils eingeschlagene Weg. Hast Du die Prinzipien verinnerlicht (Traffic und Konversion, List-Building und Email-Marketing, Social-Media Marketing, Affiliate-Marketing, Funneling, Outsourcing, Problem der Zielgruppe genau verstehen und lösen, hohe Zielgruppenrelevanz gewährleisten), kannst Du Dir mehrere passive Online-Einkommensströme gleichzeitig aufbauen. Diese profitieren dann gegenseitig voneinander und Du erzielst dadurch extreme Synergieeffekte!

Passives Einkommen offline – richtig Investieren

„Geld gleicht dem Dünger, der wertlos ist,
wenn man ihn nicht ausbreitet."
- Francis Bacon

Ich habe mich schon häufig gefragt, warum wir mit einer derart unglücklichen Einstellung zu Geld aufwachsen. Heute habe ich die Antwort für mich gefunden. Es ist die Kombination aus einem Informationsdefizit, negativen Denkgewohnheiten und mangelnder Geldbildung. Zudem ist Geld noch immer ein Tabuthema – gerade hierzulande. „Über Geld spricht man nicht", heißt es ja so schön. Wenn man nicht darüber spricht, wie soll man es dann jemals verstehen? Diese Frage stellt sich schon in der Schule und zieht sich über die Ausbildung oder die Universität, das Berufsleben bis zum Rentenalter. Dann aber ist es meistens schon zu spät.

Ich bin überzeugt, dass die meisten Menschen hierzulande deshalb noch immer denken, es sei risikoreich, Geld für den Vermögensaufbau zu investieren. Unter dem Kopfkissen oder auf dem Sparkonto ist es doch viel sicherer! In diesem Punkt ist Deutschland eines der konservativsten Länder weltweit. Das ist vor allem unserer volkswirtschaftlichen Grundstruktur der sozialen Marktwirtschaft geschuldet. Sie finanziert sich überwiegend aus Fremdkapital (Bankkrediten) und nicht über den Aktienmarkt (Eigenkapital). Dabei ist es heute kein Geheimnis mehr, dass es sehr viel risikoreicher ist, mit übrigem Geld nichts zu tun. Aber auch dafür erfinden wir Ausreden. Diese habe ich zum Beispiel schon hunderte Male gehört: „Ich weiß ja, dass es sinnvoll ist, Geld zu investieren, aber es ist mir einfach zu kompliziert, zu anstrengend und außerdem habe ich sowieso keine Zeit mich damit auseinanderzusetzen!"

110

Genau deshalb habe ich dieses Buch geschrieben. Wir stehen weltweit vor umwälzenden Veränderungen. Sozial, religiös, ökologisch und auch finanziell. Viele Trends setzen sich nicht nur fort, sondern verstärken sich immer mehr. Das führt dazu, dass 1% der Weltbevölkerung mehr als 99% der weltweiten Vermögen besitzt und nur 62 Menschen auf der Erde mehr Vermögen auf sich vereinen, als die ärmere Hälfte der Menschheit!

Und nein, das hat nichts mit dem Klischee zu tun, dass die Reichen immer reicher werden, weil sie unmoralische und kaltblütige Gangster sind. Vielmehr ist das von uns Menschen konstruierte System selbst der Auslöser. Reiche Menschen müssen in unserem Wirtschafts- und Geldsystem immer reicher werden. Das liegt an der einfachen Tatsache, dass Kapital (Geld) allen anderen Gütern und Dienstleistungen im herrschenden Wirtschaftssystem überlegen ist. Es ist das einzige Gut, das gegen alle anderen Güter und Dienstleistungen getauscht und sogar aus sich selbst heraus mehr generieren kann.

Investieren ist also nicht nur etwas für die Reichen. Ganz im Gegenteil.

Dieses Missverständnis führt dazu, dass fast ausschließlich Reiche investieren. Genau von diesem Denkmuster habe ich mich auch lange zurückhalten lassen. Ich dachte, dass es sich doch erst lohnt, wenn ich mehrere Tausend, besser sogar mehrere Zehntausend Euro übrig hätte. Doch wann wird das der Fall sein? Wenn überhaupt, erst in vielen, vielen Jahren. Was hat es mir also gebracht?

Absolut gar nichts – und das bereue ich bis heute! Es war lediglich eine Ausrede gegenüber mir selbst, einfach gar nie damit anzufangen. Investieren ist also nicht nur etwas für die Reichen. Ganz im Gegenteil. Es ist etwas für jede Person, die ihr hart erarbeitetes Geld gerne vermehren möchte – und zwar ohne dafür viel Aufwand betreiben zu müssen.

Wirf den Glaubenssatz noch heute über Bord, Investments seien lediglich was für die Reichen. Jeder kann investieren und jeder hat es verdient, an der allgemeinen Wertschöpfung über die Finanzmärkte teilzuhaben. Aus meiner Sicht sogar gerade jene Menschen, die weniger haben! Das führt hoffentlich auch bei Dir zu einer Umkehr Deiner Weltsicht und insgesamt zu gleicher verteilten Vermögen.

Die Reichen investieren nicht, weil sie reich sind, sondern sie sind reich, weil sie investieren!

Das Wunderbare an der Digitalisierung ist, dass wir heute keinen Manager oder Banker mehr benötigen, um an der Börse aktiv zu werden. Jeder kann investieren, und zwar weder dafür Mittelsmänner einzusetzen, noch einen großen Geldbeutel zu haben. Das ist eine große Chance, nutze sie! Oder willst Du weiterhin lieber Geld verlieren?

Wenn Du nicht investierst, wirst Du ärmer!

Die Kapitelüberschrift mag nur auf den ersten Blick provokativ auf Dich wirken. Spätestens, wenn Du die Kraft der Inflation verstanden hast, wirst Du Deine Beine unter die Arme nehmen und aktiv werden. Denn solange Du nicht investierst, verlierst Du Geld!

Warum?

Inflation wird häufig fälschlicherweise als Preissteigerung bezeichnet. Dabei ist dies erst die indirekte Auswirkung. Die ursprüngliche Bedeutung von Inflation kommt von „inflare" und heißt Aufblähen. Gemeint ist die Geldmenge, die durch die Zentralbanken gesteuert wird und stetig ausgeweitet werden muss. Warum genau das so ist, erkläre ich in „Tag auf Tag im Hamsterrad". Wozu das führt? Die Konsequenz aus einer sich stetig vergrößernden Geldmenge ist eine konstante Preissteigerung und damit ein Kaufkraftverlust für die Bevölkerung. Das heißt, solange Du Dein Geld zinslos liegen lässt, verlierst Du Kaufkraft!

Stelle Dir vor, 10.000 Euro wären in fünf Jahren noch das Äquivalent von 8.810 Euro. Du hättest also knapp 1.200 Euro verloren. Sicherlich würdest Du laut aufschreien: „Welche Sauerei, irgendwelche Diebe haben mir mein Geld gestohlen!" In Wahrheit ist Dein Geldbeutel jedoch durch die Inflation von 2,5 Prozent geschrumpft. Würden wir eine Inflationsrate von 3 Prozent ansetzen, wären davon nach 20 Jahren noch 6.454 Euro übrig! 10.000 Euro, die Du 1997 auf Dein Girokonto gelegt hättest, wären heute, 2017, 35 Prozent weniger wert! Zwei Faktoren sind bei der Betrachtung entscheidend:

- Zinssatz (der Inflationsrate) und
- Anzahl der Jahre.

Aber keine Sorge. In den folgenden Kapiteln werde ich Dir zeigen, wie Du diesen Effekt nicht nur ausgleichst, sondern sogar ins Positive umkehrst. Lass' uns beginnen, Deinen Geldmuskel zu stärken. Wird er nämlich nicht bewegt und trainiert, wird er schwächer. Stärkst Du ihn jedoch, wird er von Tag zu Tag stärker und stärker!

Betrachtet man die Statistik, investierte 2015 in Deutschland nur jeder Siebte in Wertpapiere wie Aktien, Aktienfonds und Aktien-Indexfonds. 1970 war es noch jeder Vierte! Als Vergleich: In den USA investiert mehr als die Hälfte in Wertpapiere. Das ist zum Teil auf die voneinander abweichenden Finanzierungsformen von Unternehmen zwischen Eigen- und Fremdkapital zurückzuführen. Deutschland zählt damit zu den konservativsten Ländern der Welt. Im Fachjargon spricht man von Risikoaversion. Das heißt, dass wir eher versuchen, Risiken zu vermeiden, als Gewinne zu realisieren. Dazu haben natürlich auch Finanzkrisen wie 2000 und 2008 beigetragen. Dennoch sollten wir endlich, im Jahr 2017 angelangt, einen neuen Pfad einschlagen. Einem Zeitpunkt, da sogar negative Zinsen auf Girokonten verhängt werden, sollten wir unsere hart erarbeiteten Kröten nicht länger auf ein lausig verzinstes Sparkonto einzahlen. Schließlich ist Investieren, insbesondere wenn eine langfristige Orientierung dahintersteckt, nur mit sehr geringen Risiken verbunden. Man verliert nur dann Geld, wenn man das Investieren nicht versteht. Auch bei passivem Einkommen gilt: Bleibe realistisch und setze Dir langfristige Ziele!

Smarte Leute profitieren vom Finanzmarkt. Sie gehen keine übertriebenen Risiken ein und haben Geduld. Das größte Risiko ist, dass Dein Geld auf kurze Sicht an Wert verlieren könnte. Auf lange Sicht gewinnt man am Finanzmarkt aber immer! Warum? Weil die globale Wirtschaft immer wachsen muss, um einen Systemzusammenbruch zu vermeiden. Die wichtigste Voraussetzung bei passivem Einkommen, das Du durch Investments generieren willst, ist daher: Du darfst auf das Geld nicht angewiesen sein!

Investieren ist nicht einfach, aber simpel!

Dieser Spruch geht auf Warren Buffet, dem Investment-Guru überhaupt, zurück. Es gilt natürlich, dass Du es so kompliziert machen kannst, wie Du möchtest. Je mehr Zeit Du investierst, umso erfolgreicher wirst Du. So ist das im Leben. Das muss allerdings nicht immer gelten. Häufig reduziert viel Arbeit auch Deine Rendite (durch Transaktionskosten, etc.), in jedem Fall reduziert sie den passiven Teil Deines Einkommens (Du tust mehr aktiv). Insbesondere den Zeitfaktor sollten wir deshalb nicht außer acht lassen, wenn wir finanzielle *Freiheit* anstreben.

Der größte Fehler, den Anfänger begehen?
Kaum ein Klein- bzw. Einzelanleger schafft es, bessere Renditen als der Durchschnitt des Marktes zu erzielen. Die meisten Anleger reagieren zu häufig auf Kursschwankungen. Sie verkaufen häufig dann, wenn Preise sinken und kaufen, wenn Preise steigen. Mit dieser Strategie verlierst Du allerdings garantiert Geld, viel Geld! *Kursschwankungen auszusitzen und Investitionen als ein langfristiges Unterfangen anzusehen, ist der erste und beste Tipp, den Warren Buffet jedem Anleger gibt.* Doch leichter gesagt, als getan! Geld ist schließlich ein besonders emotionales Thema. Wenn man sieht, wie der Markt zusammenbricht, wird häufig jedwede Logik ausgeblendet und überhastet „reagiert". Das führt jedoch sehr wahrscheinlich zu einem kontraproduktiven Ergebnis – und zwar großen Verlusten! Die Emotionalität aus den Investitionen zu nehmen, gelingt am besten, wenn man eine gewisse Distanz dazu aufrecht erhält.

Genau deshalb darfst Du auf Geld, das Du in den Finanz- und Geldmarkt investierst, niemals angewiesen sein! Geld, das Du investierst, muss Dir sogar egal sein! Es zu investieren, um sich damit später ein Haus zu bauen, ist kein guter Plan!

Warum Kapitalinvestitionen die richtige Lösung für Dich sind?
Du kannst heute, dank der Digitalisierung, viele Abläufe automatisieren. Damit hält sich Dein zeitliches Investment in Grenzen und Dein relativer passiver Stundenlohn steigt. Alles was Du dafür tun musst, ist ein Depot eröffnen, monatlich zu investieren und Dich zurückzulehnen, während Du Deinem Bankkonto zusiehst, wie es immer voller wird. Je mehr Du automatisierst, umso stärker reduzierst Du den negativen emotionalen Teil. Der schlechteste Zeitpunkt, Wertpapiere zu verkaufen, ist nämlich genau dann, wenn sie fallen oder, noch schlimmer, bereits gefallen sind!

Denke doch einfach daran, wie Du Dich im Supermarkt verhältst. Sobald etwas im Angebot ist, z. B. 50% auf Brot, wirst Du das Produkt eher kaufen – selbst wenn Du es gerade gar nicht brauchst! Ganz ähnlich funktioniert die Börse. Wenn Wertpapiere fallen, werden sie zum Schnäppchenpreis verkauft. Dann hat man die Möglichkeit, tolle Papiere zu einem Bruchteil zu erwerben. Schließlich folgt jedem Tal ein Hügel – ganz wie im Leben.

Wie bei Deinem passiven Einkommen im Onlinebereich musst Du lediglich einige Grundkonzepte verstehen. Spätestens dann wirst Du Dich ärgern, dass Du nicht schon früher damit begonnen hast. Die wichtigste Regel ist, Dich in Geduld zu üben und emotionalen Abstand zu halten. Einige oder gar alle Deine Investitionen werden im Laufe der Zeit immer wieder an Wert einbüßen, bevor sie einen Sprung nach oben machen. Gewöhne Dich also lieber früher als später daran. Das ist bereits die halbe Miete. Folge diesem Pfad und mache es Dir so simpel wie möglich. Du wirst erstaunt sein!

Der perfekte Start

„Geld ist ein guter Diener, aber ein schlechter Herr."
- Henry George Bohn

Ständig suggeriert man uns, wie wichtig es doch ist, jetzt, hier und heute zu konsumieren. Wir glorifizieren die Menschen sogar, die viel Geld ausgeben (können). Konsum scheint sich immer mehr als unsere neue Religion zu entpuppen. Wir verhalten uns wie Promis, was unseren Konsum anbelangt. Wir eifern ihnen jedoch nur selten nach, was deren (passives) Einkommen angeht. Vieles davon führe ich auf cleveres, häufig sogar grenzwertiges Marketing, zurück. Die Gehirnforschung hat in den letzten Jahren einige der größten Geheimnisse unseres Denkens gelüftet. Dieses Wissen ist für Unternehmen und Marketingabteilungen enorm wertvoll und wird mehr denn je dazu genutzt, unsere (Kauf)Entscheidungen subtil und unterbewusst zu beeinflussen.

Deshalb ziehen wir es auch vor, unser Geld heute zu verprassen, statt es als unseren ganz eigenen Geldbaum zu betrachten, einzupflanzen, hin und wieder zu pflegen, und in einigen Jahren enorme Früchte zu ernten. Die Gewohnheit, wie und wofür Du Dein Geld ausgibst, ist der erste und wichtigste Faktor, den wir uns ansehen müssen. Solange Du nicht bereit bist, einen Teil Deines monatlichen Einkommens zu sparen bzw. in zukünftige passive Einkommensströme zu investieren, wirst Du Dich immer weiter von finanzieller Freiheit entfernen. Der einfachste Trick lautet:

Spare xxx Prozent Deines Einkommens und beginne zu investieren!

Bestimmt hoffst auch Du auf einen großen Clou in diesem Buch. Den großen Trick, der Dich über Nacht reich macht. Doch damit muss ich Dich leider enttäuschen. Sollte Dir jemand so etwas versprechen, ist es entweder unseriös oder illegal. Du musst selbst etwas tun und geduldig warten. Den größten Clou, den ich Dir an die Hand geben kann – und der mein Leben jeden Tag aufs neue beeinflusst – sind die Gewohnheiten, die ich mir zugelegt habe. Eine Gewohnheit war es zum Beispiel, jeden Monat zu sparen. Eine erste Gewohnheit, die sich ja auch wunderbar automatisieren lässt, ist, mindestens 15, besser sogar mehr als 20 Prozent Deines monatlichen Netto-Einkommens zu sparen.

Warum ausgerechnet 20 Prozent?

20 Prozent ist keine zufällige Zahl, sondern eine finanztheoretisch fundierte Sparquote. Wade D. Pfau ist Professor am American College und Finanzplanungs- und Rentenexperte. Herr Pfau hat etwas Beeindruckendes herausgefunden.

Eine Person müsste im Durchschnitt 16,62 Prozent des Lohnes sparen, um mit dem Ersparten 30 Jahre später in Rente gehen zu können. Dann hätte diese Person genug Geld akkumuliert, um über eine monatliche Rente von 50 Prozent des Nettoeinkommens durch erspartes Vermögen zu verfügen. Und das, ohne die gesetzliche oder betriebliche Rente! Weil wir aber nicht erst in 30 Jahren finanziell frei sein wollen, habe ich die Sparquote zunächst auf 20 Prozent aufgerundet. Mit jedem zusätzlichen Prozent Sparquote, reduzierst Du Deine Wartezeit auf die finanzielle Unabhängigkeit um mehrere Monate. Und je früher Du damit anfängst, umso größer ist der Effekt. Diese Tatsache war mir ein treibender Ansporn!

Um die Relation zwischen Inflation, Einkommen, Sparquote, Zinseszins-Effekt und finanzieller Freiheit noch besser verstehen zu können, soll ein Beispiel dienen. Dafür nehmen wir an, dass die Ausgaben für immer konstant bleiben, dass wir unser Geld mit einer konstanten Rendite von 5 Prozent (nach Inflation und Steuern) anlegen und dass wir ab der Rentenzeit nie mehr als 4 Prozent des erreichten Portfoliowertes entnehmen. Hast Du bislang noch gar kein Vermögen angespart, würden sich daraus folgende Szenarien für Dich ergeben:

- 10% Sparquote → 51,4 Jahre bis zur finanziellen Freiheit
- 20% Sparquote → 36,7 Jahre bis zur finanziellen Freiheit
- 30% Sparquote → 28 Jahre bis zur finanziellen Freiheit
- 40% Sparquote → 21,6 Jahre bis zur finanziellen Freiheit
- 50% Sparquote → 16,6 Jahre bis zur finanziellen Freiheit
- 60% Sparquote → 12,4 Jahre bis zur finanziellen Freiheit
- 70% Sparquote → 8,8 Jahre bis zur finanziellen Freiheit

Du kannst auf der Seite der Frugalisten (https://frugalisten.de/rechner/) anhand dieser Annahmen, Deinem Jahresgehalt und Deiner individuellen Sparquote selbst ausrechnen, wie lange es dauert, bis Du finanziell unabhängig bist. Ich finde das genial, weil es ein vermeintlich utopisches Ziel greifbar werden lässt.

Wundere Dich jedoch nicht, warum Dich weder Familie noch Freunde dazu animieren. Sparen ist (im Moment) nicht gerade mit einem hohen Unterhaltungswert ausgestattet. Sobald Du aber zu sparen und zu investieren beginnst, pflanzt und gießt Du Deinen Geldbaum. Je größer und kräftiger Dein Baum wird, umso motivierter wirst Du sein und wahrscheinlich sogar versuchen, Deine Sparquote weiter zu erhöhen.

Die Konsequenz?
Mache es Dir zur Gewohnheit, mindestens 20 Prozent Deines Einkommens direkt am Monatsanfang in passive Einkommensströme zu investieren. Zahle Dich also selbst zuerst! Diese Denkgewohnheit stammt aus dem Klassiker „Der reichste Mann von Babylon" aus dem Jahr 1926 und ist eines der ältesten Investmentgesetze überhaupt! Genau darum geht es, wenn Du passiv Einkommensströme und Vermögen aufbauen willst. Du musst zuerst Dich bezahlen und dann Andere bzw. Deinen

Konsumhunger stillen. Mit dieser Einstellung wirst Du selbst bzw. Deine Zukunft (und die Deiner Familie) zur wichtigsten Rechnung, die Du Monat für Monat zu begleichen hast!

Bitte komme jetzt nicht mit der Ausrede, dass Dir dann das Geld am Monatsende nicht reicht. Das tut es doch ohnehin nie!

Wir können lernen, mit weniger auszukommen. In meinem Buch „Geld sparen und clever reich werden" sind Tipps und Tricks enthalten, die sogar Tausende Euro jährlich einsparen können! Doch ohne die Gewohnheit am Monatsanfang Geld wegzulegen, wird es Dir am Monatsende nie gelingen! Auf diese Weise bist Du sogar gezwungen, Deine Ausgaben zurückzuschrauben. Meistens klappt es sogar nur so!

Was, wenn 20 Prozent trotzdem zu viel sind?
Trotzdem gibt es viele Menschen, die wenig verdienen, und deshalb von Sparquoten von über 50 Prozent nur träumen können. Wenn auch Du dazugehörst, stecke den Kopf nicht in den Sand, sondern nutze die iterative 1-Prozent Methode.

Du startest im ersten Monat mit nur einem Prozent Sparquote und arbeitest Dich mit jedem neuen Monat um ein weiteres Prozent nach oben. So lange, bis Du, mindestens 20 Prozent monatlich erreicht hast. Auf diese Weise baust Du eine nachhaltige und langfristige Spar-Routine auf. Auf der einen Seite reduzierst Du sukzessive unnötige Ausgaben und zugleich startest Du, passiv (und vielleicht sogar aktiv) mehr Geld zu verdienen. So können aus einem Prozent eines Nettolohnes von 2.000 Euro am Jahresende auch 1.560€ werden. Und das, obwohl Du im ersten Monat nur 1 Prozent gespart hast (Monat 1 → 20€; Monat 2 → 40€; Monat 6 → 120€; Monat 12 → 240€, usw.). Geld sparen kann und will also gelernt sein!

Schaffe Dir zuerst eine adäquate Kontenstruktur

Wenn Du Dir mehrere passive Einkommensströme aufbauen willst, sind dafür mehrere Konten empfehlenswert. Damit schaffst Du wichtige Organisation und behältst zugleich den Überblick.

Dein Girokonto
Ein Girokonto hast Du bestimmt bereits. Es sollte das Konto sein, auf das Dein Gehalt eingeht. Von dort aus koordinierst Du Deine Ausgaben bzw. Spar- und Investitionsvorhaben.

Dein Tagesgeldkonto
Häufig lässt sich das Tagesgeldkonto bei derselben Bank einrichten, das auch Dein erstes Girokonto führt. Dein Tagesgeldkonto sollte als verzinster Geldpuffer und Sparkonto dienen. Richte einen Dauerauftrag ein. Von nun an sollten jeden Monat 5 Prozent Deines monatlichen Einkommens per Dauerauftrag auf das Tagesgeldkonto überwiesen werden. Diesen Dauerauftrag kannst Du stoppen, sobald Du 3 Monatsgehälter erreicht hast. Dieses Geld dient als Reserve bzw. Puffer für etwaige Sonderausgaben (siehe Buddha-Kapitel).

Dein 2. Girokonto
Auf Dein 2. Girokonto sollte am Monatsanfang der Rest Deiner maximal möglichen Sparquote einfließen. Im Idealfall sind das weitere >20 Prozent Deines monatlichen Einkommens.

Mehrere Konten zu besitzen ist als Sparer und Investor sehr wichtig. Sie gewährleisten, dass Du nicht schnell und einfach an das Geld herankommst und Dich gegenüber Deinen Sparanstrengungen besser selbst verpflichten kannst. Darüber hinaus schaffst Du es auf diese Weise, (im Laufe der Zeit) ein Viertel Deines monatlichen Einkommens in passive Einkommensströme zu investieren. Behältst Du diese Strategie bei, bist Du in maximal 20 Jahren finanziell frei. Dann hast Du genügend passive Einnahmen aufgebaut, um nie wieder arbeiten zu müssen – der Zinseszins-Effekt machts möglich!

Automatisierbarkeit und Skalierbarkeit von Geld

Wie Du mittlerweile weißt, ist Automatisierbarkeit das große Plus des passiven Einkommens. Nur dadurch erreichen wir, dass wir unser Einkommen skalieren können, ohne dafür mehr Stunden arbeiten zu müssen. Das führt zu einem Paradoxon.

Mit aktiver Arbeit tauschst Du Lebenszeit gegen Geld. Bei Investments tauschst Du, einfach gesagt, Geld gegen noch mehr Geld in der Zukunft.

Dieser Zusammenhang führt zu dem Schluss, dass Du das Geld für Dich arbeiten lässt. Das ist abstrakt gesehen zwar richtig, im Detail allerdings ein großer Trugschluss. Geld kann nicht arbeiten. Nur Menschen und Maschinen können arbeiten, im Austausch ihrer Lebenszeit gegen Geld. Und wie Karl Marx bereits vor 150 Jahren korrekt erkannt hat, sind es die akkumulierten Kosten der Arbeitskräfte, die den Preis bestimmen! Damit partizipierst Du, wenn Du in passive Einkommensströme investierst, an der Arbeit anderer mit! Das Einkommen ist damit für Dich zwar passiv, entsteht aber nur, weil der Produzent (Arbeitnehmer) dafür aktiv arbeitet (und seine Lebenszeit eintauscht). Das sollte uns nicht nur eine gewisse Demut und Dankbarkeit lehren, sondern uns auch darin bestärken etwas zurückzugeben!

Dein Kapital ist Dein Multiplikator. Geld hat die Macht, für Dich, rund um die Uhr, 24 Stunden am Tag, zu arbeiten. Ohne, dass Dich das zusätzliche Anstrengungen, Zeit oder Geld kosten würde! Und genau diesen Effekt machen wir uns zu Eigen. Je mehr Geld wir für uns arbeiten lassen können, umso weniger müssen wir selbst dafür arbeiten. Genau darum geht es bei dem Ziel finanzielle Freiheit.

Der Zeitfaktor beim Aufbau von passiven Einkommen durch Kapitalinvestitionen hat 2 Qualitäten. Die dafür notwendige aktive Arbeitszeit ist
extrem gering. Allerdings ist die Zeitvariable der finanziellen Auszahlung dafür umso ausgedehnter. Sie kann nur durch zusätzliches Risiko
verkürzt werden. Näheres dazu erläutere ich, wenn es um Risiko und
Rendite geht. Es sei nur eines vorweg gesagt: Schneller Reichtum mit
Kapitalinvestitionen ist, wenn Du das einigermaßen sicher erreichen
willst, nicht möglich. Dafür lässt sich aber ein bequemes lebenslanges
passives Einkommen aufbauen, für das Du nie wieder arbeiten musst!

Der Zinseszins-Effekt

„Der Zinseszins-Effekt ist das achte Weltwunder.
Derjenige, der ihn versteht, verdient ihn,
wer ihn nicht versteht, bezahlt ihn.“
- Albert Einstein

Im Verlauf dieses Buches habe ich mehrfach auf den Zinseszins hingewiesen. Um Dir den exponentiellen Charakter des Zinseszins-Effektes zu veranschaulichen, greife ich daher auf zwei Beispiele aus meinem Buch „Tag auf Tag im Hamsterrad“ (S. 58f.) zurück.

„Der Ur-Ur-Ur-Ur-Ur-Großvater von Rainer Zufall – Rainer Pfiffig – hätte im Jahre Null für dessen Nachfahren einen einzigen Cent angelegt. Pfiffig war clever und verstand es, einigermaßen zu feilschen. Er konnte also bei der örtlichen Bauernbank einen Zinssatz von fünf Prozent aushandeln. Die Zugangsdaten zum Geheimsafe werden über Generationen von Papa Rainer zu Sohn Rainer weitergegeben. Heute, 2016, erinnert sich Rainer Zufall an das Konto und sucht aufgeregt das uralte Dokument. Auf dem Dachboden seines Kuhstalls wird er fündig. Sein Herz springt ihm fast aus der Hose, so aufgeregt ist er. Rainer sprintet zum Computer und fährt ihn hoch. Dann loggt er sich auf den Online-Account der Bauernbank ein. Die Zahl die er erblickt ist so groß, dass er einen Nervenzusammenbruch bekommt und der Computer explodiert. Wie viel Geld mag sich nur angesammelt haben?

52.194.762.406.749.596.188.226.011.368.141.170.409.472 EUR (= 52 Sechstilliarden EUR), eine 52 mit 39 Nullen! Anders ausgedrückt ca. 70 Milliarden Erdkugeln oder anders ausgedrückt ca. 53.000 Sonnen aus purem Gold!

Für alle die den Rechenweg vergessen haben oder ungläubig anzweifeln: Es handelt sich hierbei um eine Exponentialfunktion, deren Berechnung ziemlich simpel ist.

Die allgemeine Formel zur Berechnung des Zinseszinses lautet:

K (1+p/100) hoch x; mit: p = Zins; K = Ausgangskapital; x = Jahre

Interpretiert:

Ausgangskapital mal (Kontostand nach einem Jahr) hoch Jahre.

Die Konsequenz?
- Im Jahre 95 wäre ein Euro hinzugekommen, sprich das Startkapital hat sich nach 95 Jahren verhundertfacht.
- Im Jahre 142 wären es 10 EUR gewesen.
- Im Jahre 378 wären daraus bereits eine Million Euro geworden!
- Bereits um das Jahr 700 wäre alles Gold der Welt aufgebraucht! Etwa im Jahre 1500 ist das erste Erdgewicht in Gold entstanden.
- 1929 sind es dann eine Milliarde Erden aus purem Gold gewesen.
- 2016, sind aus einem einzigen Cent etwa 70 Milliarden Erdkugeln aus purem Gold geworden!"

Es ist wirklich unglaublich wichtig, diesen Mechanismus zu verstehen. Deshalb ein zweites Beispiel:

„Rainer Zufall wird befördert. Er soll Oberkuhmelker in der Methan-Milch GmbH mit einem Einjahresvertrag werden. Sein künftiger Chef fragt ihn nach dessen Gehaltsvorstellung. Da Rainer das exponentielle Wachstum verstanden hat, schlägt er seinem Chef folgendes vor. »Ich möchte nicht viel. In der ersten Woche verlange ich nur einen Cent. Anschließend verdoppeln Sie mein Gehalt jede Woche. Also zwei Cent in der zweiten Woche und vier Cent in der dritten usw. Ein Jahr lang. Wenn Sie nicht einverstanden sind, verlange ich 1.000 EUR pro Woche!« Welches Gehaltsmodell wird der Chef der Methan-Milch GmbH Rainer zugestehen? Vermutlich Nummer eins. Rainer Zufall würde durch seine Cleverness zum reichsten Mann im Universum werden. In nur einem Jahr wäre er um stolze 22,5 Billionen Euro reicher!

Im Gegensatz dazu hätte Rainer bei 1.000 EUR pro Woche am Jahresende »lediglich« 52.000 EUR verdient. Bereits in der 23. Woche hätte Rainer also mehr verdient als im anderen Gehaltsmodell nach einem ganzen Jahr!"

Beide Beispiele sind nicht nur extrem beeindruckend, sondern verdeutlichen auch, dass der Zinseszins-Mechanismus allein von zwei Faktoren abhängig ist. Diese gilt es von nun an zu optimieren. Selbst ausprobieren kannst Du dies anhand einer variablen Excel-Zinswerttabelle, die Du Dir kostenlos herunterladen kannst (Link: https://goo.gl/ EJEDw8). Beeindruckend sichtbar wird es anhand folgender Grafik.

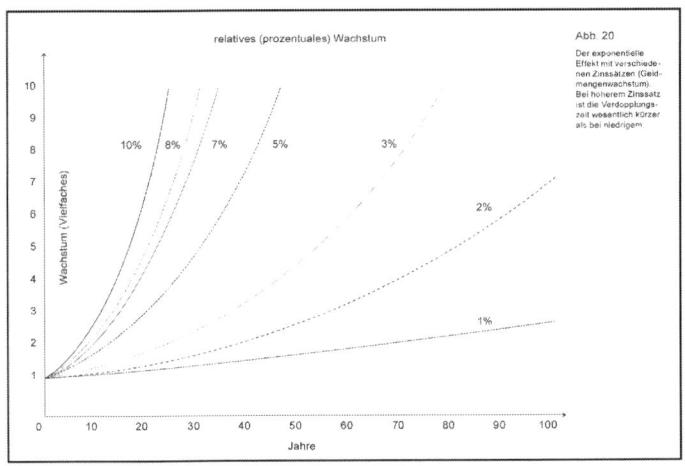

Faktor #1: Zeit (Dauer)

Je länger Du den Zinseszins-Mechanismus wirken lässt, umso größer wird der Effekt, den er entfaltet. Die x-Achse bildet 10-Jahres-Abstände ab. Du siehst, dass der Zinseszins seine ganze Kraft erst über eine gewisse zeitliche Dauer entfaltet.

Faktor #2: Zinssatz

Der zweite Faktor ist die Höhe des Zinssatzes. Je höher der Zinssatz, zu dem ein Betrag verzinst wird, umso schneller verdoppelt sich der

Betrag. Je höher Dein Guthabens-Zinssatz, umso schneller kannst Du von der Verdopplung durch den exponentiellen Charakter des Zinses profitieren.

Konsequenzen?
Insbesondere Faktor #1 zeigt auf, weshalb Du den Zinseszins-Mechanismus bereits so früh wie möglich für Dich nutzen solltest. Je früher Du damit anfängst „das Geld für Dich arbeiten zu lassen", umso stärker wird der Effekt.

Anhand des Faktors #2 wird ersichtlich, dass Du einen Betrag umso schneller verdoppelst, umso höher der Zinssatz ist. Aber Achtung: Je höher der Zinssatz, umso höher auch das Risiko!

Der Zinseszins-Effekt, bzw. exponentielles Wachstum, leben von der Verdopplung. Je nach Kombination beider Faktoren verdoppelt sich ein gewisser Betrag innerhalb einer gewissen Zeitspanne immer wieder. Diesen Verdopplungseffekt nennt man exponentielles Wachstum. Wie eine Lawine nimmt es immer mehr Geld in sich auf, das sich dann wiederum verdoppeln kann. Genau deshalb sollte es unser Ziel sein, beide Effekte gleichzeitig zu maximieren. Den Zeiteffekt maximierst Du, indem Du noch heute damit beginnst, den Zinseszins-Effekt zu nutzen. Den Zinseffekt maximierst Du, indem Du eine intelligente Streuung Deiner Investitionen tätigst und damit eine möglichst hohe Rendite (bei adäquatem Risiko) erzielst. Umgekehrt gilt natürlich, dass der negative Zinseszins unbedingt zu vermeiden ist. Vielleicht kennst du seine Kraft ja aus dem Dispo. Wenn Du immer nur einen Teil Deiner Disposchulden zurückzahlst, wird die Schuldenlast insgesamt dennoch immer größer. In diesem Fall arbeitet der Zinseszins-Effekt gegen Dich!

Automatisch reich werden? Realistisch?
Nehmen wir an, Du investierst heute 100 Euro zu 10 Prozent Zinsen. Dann hat sich dieser Betrag bereits in 7 Jahren verdoppelt. Während Du im ersten Jahr 10 Euro Zinsen erhältst, sind es im dritten Jahr bereits 12,10 Euro. Die Differenz von 2,10 Euro entsteht durch erneute Verzinsung Deiner bereits gutgeschriebenen Zinsen. Den genauen Verlauf Deines Vermögens kannst Du folgender Tabelle entnehmen:

Jahr	Startbetrag	Jährliche Zinsen	Endbetrag
1	100	10	110
2	110	11	121
3	121	12.1	133.10
4	133.10	13.31	146.41
5	146.41	14.64	161.05
6	161.05	16.11	177.16
7	177.16	17.72	194.87
8	194.87	19.49	214.36
9	214.36	21.44	235.79
10	235.79	23.58	259.37
11	259.37	25.94	285.31
12	285.31	28.53	313.84
13	313.84	31.38	345.23
14	345.23	34.52	379.75
15	379.75	37.97	417.72
16	417.72	41.77	459.50
17	459.50	45.95	505.45
18	505.45	50.54	555.99
19	555.99	55.60	611.59
20	611.59	61.16	672.75

Hast Du für diesen Effekt mittlerweile ein Gefühl bekommen? Dieses Gefühl ist so wichtig, weil es kaum möglich ist, den lawinenartigen Charakter des Zinseszinses logisch zu verstehen. Dafür ist er einfach zu gigantisch – zumindest geht es mir so. Aber ich habe verstanden, dass es vor allem der Zinseszins-Effekt ist, der dafür sorgt, dass die Reichen immer reicher werden und die Armen entweder gleich arm bleiben oder sogar ärmer werden müssen (z. B. durch Inflation).

Millionäre haben nur wenige, dafür jedoch essentielle Dinge anders gemacht als der Rest. In einem interessanten Buch, „die Gelddruckmaschine", wird aufgezeigt, dass Dich 516 Sparraten à 430,44€, bei 6 Prozent Zinsen, in 43 Jahren zu Millionär machen. Das Spannende ist, dass sich dieser Betrag aus Zinsen bzw. Zinseszinsen und dem eigens eingezahlten Sparbetrag zusammensetzt. 222.107,04€ sind selbst eingezahlt, während 777.899,30€ aus Zins- und Zinseszins entstanden sind! Es kann also wirklich jeder Millionär werden, wenn er nur entsprechend spart und investiert!

<u>Damit wird das facettenreiche Ziel des Investierens klar</u>
- Als Erstes wollen wir unser hart erarbeitetes Geld vor dem durch Inflation ausgelösten Wertverlust schützen.
- Darüber hinaus wollen wir damit für die Zukunft bauen und ein Vermögen anhäufen.
- Last but not least wollen wir damit sukzessive immer größere passive Einkommensströme aufbauen, die schließlich groß genug sind, um nicht länger gezwungen zu sein, arbeiten gehen zu müssen.

Risiko oder Rendite? Eine bewährte Lösung

Wer ab und zu Nachrichten konsumiert, wird darin immer mit negativen Ereignissen konfrontiert. Die menschliche Psychologie ist für Negatives sehr viel empfänglicher als für positive Ereignisse. Das gilt auch für die Finanzwelt. Wir hören von dramatischen Wirtschaftskrisen und zerstörten Existenzen am Aktienmarkt. Spätestens das hält uns schließlich davon ab, unser Geld an der Börse für uns arbeiten zu lassen. Dabei ist der Erfolg an der Börse lediglich an zwei Faktoren geknüpft – Rendite und Risiko. Haben wir ihr Zusammenspiel einmal verstanden, gibt es keinen Grund mehr, nicht am Wertzuwachs der Aktienkurse bzw. der volkswirtschaftlichen Wertschöpfung teilzuhaben.

Die beiden Faktoren, Risiko und Rendite, fungieren als Gegenspieler.

Je höher einer der beiden Werte, umso höher zumeist auch der andere und umgekehrt. Je mehr Rendite wir also erzielen wollen, umso mehr Risiken müssen wir eingehen. Umgekehrt gilt, dass Investitionen, die nur geringes Risiko beinhalten, zugleich auch deutlich geringere Gewinne und damit geringere passive Einnahmen, produzieren.

Insofern muss es Dein Ziel sein, beide Faktoren, anhand Deiner persönlichen Präferenzen (Deine Risikoeinstellung), möglichst optimal zu wählen.

Natürlich möchte jeder gerne möglichst hohe Gewinne bei möglichst niedrigem Risiko erzielen. Zu hohe Erwartungen sind allerdings utopisch und enden häufig in eben jenen dramatischen Enttäuschungen. Die gute Nachricht ist, dass wir uns durchaus einem Optimum annähern können. An diesem Punkt erzielen wir eine gute Rendite (passive Einnahmen) bei adäquatem Risiko. Diesen optimalen Punkt erreicht man durch Diversifikation.

Ich weiß, für die meisten ein weiteres Fachwort. Doch Diversifikation zu verstehen, ist nicht nur an der Börse, sondern für jedes Geschäftsmodell von ganz entscheidender Bedeutung. Diversifikation bedeutet die Streuung der Investitionen bzw. Geschäftsfelder, um damit das Risiko zu reduzieren. Die Erklärung dafür ist einfach. Stelle Dir vor, Du musst Deine Apfelernte über den Winter bringen. Packst du alle Äpfel in einen Korb, reicht ein fauler Apfel, um alle anderen Äpfel anzustecken und damit Deine gesamte Ernte zu vernichten. Wenn Du Deine Äpfel aber in viele verschiedene Körbe steckst, tut Dir ein Korb voller fauler Äpfel deutlich weniger weh! Dasselbe gilt auch für Unternehmen, die nur ein einziges Produkt anbieten. Ein einziger Produktionsmangel, der durch die Presse geht, genügt, um die Zukunft des Unternehmens aufs Spiel zu setzen. Das Gegenteil von Diversifikation.

Je breiter Du Deine Investitionen streust, und je unabhängiger diese voneinander sind, umso weniger Risiko besteht für Dich. Mit jeder weiteren Investition wird es immer unwahrscheinlicher, dass Dein gesamtes Portfolio, z. B. in einer Krise, deutlich an Wert verliert. Diese Abhängigkeit der Werte voneinander nennt man auch Korrelation. Je ähnlicher sich Werte sind, z. B. weil sie derselben Branche im selben Markt angehören, umso stärker korrelieren sie und umso höher ist auch die Wahrscheinlichkeit, dass beide einen relativ ähnlichen Kursverlauf verzeichnen. Damit habe ich bereits die beiden Faktoren genannt, die essentiell zur Diversifikation beitragen.

1 – Das unternehmerische Risiko

Der Kurs und damit die Rendite einer Aktie kann durchaus stark von unternehmensinternen Faktoren (wie Gewinn- oder Umsatzentwicklung) beeinflusst werden. Dieses Risiko ist auch als unternehmensspezifisches Risiko bekannt. Risiken eines Unternehmens sind allerdings häufig Chancen eines anderen. Somit kannst Du das unternehmensspezifische (unsystematische) Risiko Deines Portfolios, durch eine geschickte Auswahl verschiedener Aktien, senken.

2 – das Branchenrisiko

Ganz ähnlich verhält es sich mit dem Branchenrisiko. In der Regel korrelieren die Aktienkurse von Unternehmen innerhalb einer Branche miteinander. Das ist nicht weiter verwunderlich, da diese Unternehmen eine ähnliche Zielgruppe ansteuern und von ähnlichen Lieferanten abhängen. Somit kannst Du das branchenspezifische Risiko Deines Portfolios, durch eine geschickte Auswahl Deiner Investitionen in unterschiedliche Branchen, senken.

3 – das Marktrisiko

Das Marktrisiko, auch systematisches Risiko genannt, beschreibt Risiken, die z. B. durch Zins- und Konjunkturveränderungen oder durch politische Ereignisse hervorgerufen werden. Das Marktrisiko betrifft damit alle Unternehmen und ist das einzige Risiko, das Du nicht wegdiversifizieren kannst. Dennoch empfiehlt es sich, gerade wegen des systematischen Marktrisikos, in verschiedene Märkte (Länder) zu investieren. Damit kannst du wenigstens das nationale Marktrisiko reduzieren.

4 – das Währungsrisiko

Damit beschwören wir jedoch einen vierten Risikofaktor herauf. Das Risiko der Schwankungen von Währungen. Wenn Du beginnst, in verschiedene Märkte zu investieren, muss dies in den jeweiligen Landeswährungen geschehen. Diese Währungen können gegenüber dem Euro allerdings stärker werden (Aufwertung) oder schwächer (Abwertung) werden. Auch das sollte unbedingt in Deine Investitionsgleichung mit einfließen. Währungsschwankungen können zu zusätzlichen Verlusten oder Ergebnisverbesserungen führen.

Grundsätzliches

Je unabhängiger diese Faktoren innerhalb der Werte Deines Portfolios sind, umso geringer wird auch das Gesamtrisiko. Das schließt übrigens alle passiven Einkommensströme ein, die Du aufbaust. Es erklärt zugleich, warum es so wichtig ist, Dir möglichst viele davon einzurichten.

Je mehr verschiedenartige Investitionen Du tätigst (selbst wenn diese nur in unterschiedliche Aktien stattfinden sollten), umso besser hast Du Dein Risiko unter Kontrolle. Daher empfehlen die meisten „Börsengurus", das Portfolio, in Abhängigkeit Deiner persönlichen Präferenzen, mit den drei Risikoklassen zu füllen:

- 1. Investitionen mit niedrigem Risiko und daher niedriger Rendite
- 2. Investitionen mit moderatem Risiko und moderater Rendite
- 3. Investitionen mit hohem Risiko und hoher Rendite.

Eine mögliche Verteilung Deiner Investitionen stelle ich Dir im kommenden Kapitel vor. Diese Verteilung ist wichtig, um langfristig finanziell erfolgreich zu investieren. Das bestätigt auch eine bekannte Studie. Sie ergab, dass Aktien, seit 1950, im Mittel über 20 Jahre, noch nie Kursverluste verzeichnet haben. Der Aktienmarkt hat, über eine Zeitspanne von 20 Jahren, immer Gewinne verzeichnet – ganz egal wie dramatisch die Krisen waren. Das ist für mich, als Volkswirtschaftler und Autor eines Bestsellers über das Geldsystem und seine Tücken, nicht weiter verwunderlich. Denn seit der Auflösung des Bretton-Woods Systems im Jahre 1971 gibt es für Geld keinen fixen Gegenwert mehr. Seither nimmt die Inflation (Geldmengenausweitung) ihren ungebremsten Lauf. Während diese Inflation die meisten Menschen um Lohn und Brot bringt, profitieren jene davon, die ihre Investitionen in Vermögenswerte, wie z. B. Aktien, getätigt haben.

Grund genug, mit einzusteigen..!

Kapitalmarkttheorie (CAPM) von Markowitz

„Das Meer noch niemals größer ward,
weil eine Gans das Wasser spart."
- Freidank

Das „Capital Asset Pricing Model" (CAPM) ist das Modell, auf das sich jeder in der Portfoliotheorie bezieht. Es geht auf den Ökonomen Harry M. Markowitz zurück. Dieser fand im Jahre 1952 heraus, dass die sogenannte „Asset Allocation", also die bestmögliche Anordnung der Vermögenswerte, alles andere als Zufall ist und durchaus optimiert werden kann. Das CAPM besagt, dass das Risiko mit steigender Anzahl der Wertpapiere sinkt und sich sukzessive dem Marktrisiko (auch systematisches Risiko genannt) angleicht.

Je nachdem wie Du Deine Vermögenswerte aufteilst, bildest Du entweder ein Portfolio mit mehr Risiko, das mehr Rendite verspricht, oder eines, das weniger risikobehaftet ist, dafür aber auch weniger Rendite abwirft. Diese Verteilung ist letztendlich Deine Entscheidung und sollte anhand Deiner persönlichen Präferenzen getroffen werden. Es stellt sich also die Frage:

Willst Du langfristig sicher reich werden, oder relativ schnell, dafür aber mit hohem Risiko, zusätzliches passives Einkommen generieren?

Die besten Investments für passive Einkommensströme

„Die meisten Menschen überschätzen, was man in einem Jahr erreichen kann, und sie unterschätzen, was man in fünf Jahren erreichen kann."
- Anonym

Damit solltest Du nun mit genügend theoretischem Wissen ausgestattet sein, um Deine ersten passiven Einkommensströme durch Kapitalinvestitionen aufzubauen. Dabei beschränke ich mich auf erprobte Methoden, die wirklich funktionieren und nur ein geringes Risiko bedeuten. Daher wird in den kommenden Kapiteln gar nicht erst auf Derivate, Futures und Zertifikate eingegangen. Dazu habe ich im Masterstudium zwar unheimlich viel gelernt, bin aber der Meinung, dass dieses Wissen nicht nur sehr kompliziert ist, sondern darüber hinaus ein hohes Ausfallrisiko hat. Damit repräsentieren diese Strategien für mich keine praktikablen Lösungen, langfristig und sicher passive Einkommensströme zu generieren. Bitte denke auch daran, dass Du Kapitalerträge in Deutschland mit 25% plus Kirchensteuer und Solidaritätszuschlag (1%) versteuern musst. Allerdings kannst Du auf jeder Anbieterplattform direkt einen Freistellungsauftrag einzurichten. Bis 801 € / Jahr sind Deine Zinseinkommen nämlich steuerfrei!

Wichtig ist einmal mehr, dass Du selbst aktiv wirst. Von nix kommt nix und Du wirst überrascht sein, welche finanziellen Erfolge, Du mit etwas Geduld, schon bald erreichen wirst!

Tagesgeld, Sparbuch und Festgeld

Noch vor wenigen Jahren kannte ich noch nicht einmal den Begriff passives Einkommen (und das als VWL-Student an der Uni!). Gemeinsam mit Jens musste ich die notwendigen Erfahrungen selbst sammeln. Da ich, wie viele Studenten, nur wenig Geld zur Verfügung hatte und dieses zudem sehr liquide sein sollte (da immer wieder unvorhergesehene Ausgaben auf mich zukamen), wurde das Tagesgeldkonto zu meiner ersten passiven Einkommensquelle.

Auf Tagesgeld kann man täglich zugreifen. Damit fungiert es wie ein liquides, etwas geringer verzinstes, Sparkonto. Als Anleger kann man unbegrenzt hohe Einlagen tätigen, die mit dem jeweils aktuellen Tagesgeldzins verzinst werden und zum Teil monatlich ausbezahlt werden. Damit ergibt sich ein Zinseszins-Effekt. Man kann jedoch kein Bargeld vom Automaten abheben, sondern muss den Betrag zunächst auf ein Referenz-Girokonto überweisen. Ein Tagesgeldkonto weist somit, im Gegensatz zu einem Girokonto, keine Zahlungs- bzw. Verrechnungsfunktion auf.

Aus meiner Sicht sollte ein Tagesgeldkonto beim Aufbau passiver Einkommensströme nicht fehlen. Es ist eine hervorragende Möglichkeit, Geld, auf das man jetzt oder etwas später zugreifen muss oder möchte, gegen Zins anzulegen. Bei mir fungiert das Tagesgeldkonto als Pufferkonto, um unvorhergesehene Ausgaben abfedern zu können. Dafür halte ich dort immer mindestens 3 Netto-Monatsgehälter vor.

Ich muss jedoch zugeben, dass ich nicht ganz ehrlich war, als ich sagte, dass ich meine ersten passiven Einnahmen durch ein Tagesgeldkonto generiert habe. Wie für die meisten Kinder, haben auch meine Eltern und Großeltern, als ich noch ein Baby war, ein Sparbuch für mich eröffnet. Über Monate und Jahre haben sie darauf monatlich Geld eingezahlt, dass sich ordentlich verzinste. Das Tolle daran war, dass ich an das Guthaben, in meinem Fall mit Vollendung des 16. Lebensjahres, jederzeit herankam. Es fiel daher, während meiner „Sturm und Drang Phase", etlichen ziemlich hirnrissigen Investments zum Opfer. Da wäre ein Festgeldkonto wohl besser gewesen. An dieses Geld wäre ich während der festgelegten Laufzeit gar nicht erst herangekommen. Genau deshalb werden Festgeldkonten deutlich besser verzinst, als Sparbücher. Die Banken können mit dem eingelegten Kapital besser planen und arbeiten. Allerdings wird beim Festgeld eine Mindesteinlage verlangt. In der Regel zwischen 1.000 Euro und 5.000 Euro. Zudem ist es nicht möglich, monatlich weitere Einzahlungen vorzunehmen. Somit sind beide Spararten auf völlig unterschiedliche Zielgruppen ausgelegt. Das Sparkonto empfiehlt sich eher für Kinder bzw. ein langfristiges monatliches Sparvorhaben – das zugleich abgesichert ist, weil man täglich darauf zugreifen und es unbegrenzt lange aufrecht erhalten kann. Allerdings werden auch hier viele Sparer von den Banken durch lange Kündigungsfristen und festgelegten Höchstbeiträgen in ihrem Vorhaben sicher und flexibel zu sparen ausgegrätscht. Das Festgeldkonto ist hingegen eine Verpflichtung von wenigen Tagen bis hin zu vielen Jahren. Während dieses Zeitraums kann man nicht auf das Geld zugreifen. Außerdem profitiert man hier nicht vom Zinseszins, da die Verzinsung monatlich oder jährlich ausbezahlt wird.

Ein paar Worte zur aktuellen Situation:
In Zeiten extrem niedriger Zinsen, zumindest in Deutschland, sind die Optionen Tagesgeld und Festgeld nur noch eingeschränkt in der Lage, passive Einkommensströme zu generieren. Es sind derzeit kaum Zinsgewinne auf die genannten Optionen zu erwirtschaften. Doch auch das kann und wird sich eines Tages wieder ändern. Momentan empfiehlt sich aus diesen Gründen lediglich ein Tagesgeldkonto für alle liquiden Sparbemühungen.

Dennoch sollte Dir klar sein, dass Du - real und auf das Jahr gesehen - auch auf dem Tagesgeldkonto Geld verlierst, solange die Inflation (Dein Kaufkraftverlust) höher ist, als Deine Guthabens-Zinsen. Das erklärt, weshalb die breite Bevölkerung – und dazu gehören auch die traditionellen Sparer – ohne es wirklich zu bemerken, viel Geld verlieren.

Solltest Du also Geld übrig haben und dies in passive Einkommensströme verwandeln wollen, stelle ich Dir in den folgenden Kapiteln
einige deutlich bessere Optionen vor. Optionen, die die Inflation nicht
nur ausgleichen, sondern deutlich übertreffen und damit wahrlich für
den Vermögensaufbau und das Ziel finanzieller Freiheit geeignet sind.

(Dividenden-)Aktien

Von allen Vermögensklassen sind Aktien, jene, die die höchsten sicheren Gewinne über die Zeit versprechen. Aktien sind einfach gesagt Anteile an börsennotierten Unternehmen. Diese Anteile werden von Kapitalgesellschaften ausgegeben, um sich mit frischem Eigenkapital zu finanzieren. Die alternative Finanzierungsmöglichkeit bestünde darin, Fremdkapital (Bankkredite oder Anleihen) aufzunehmen. Aktien am Aktienmarkt zu veräußern ist somit die günstigere Möglichkeit für Unternehmen, an Geld (z. B. zur Finanzierung neuer, kapitalintensiver Projekte) zu kommen.

Das Unternehmen kann dann entscheiden, ob sie die Aktionäre am Unternehmensgewinn beteiligen möchte oder nicht. Die Ausschüttung dieser Gewinnbeteiligung nennt man Dividende. Um Dir passive Einkommensströme mit Aktien aufzubauen, kommen daher nur Dividendenaktien in Frage, da Dich diese (hoffentlich) jährlich mit einem Anteil des Gewinns am Unternehmenserfolg teilhaben lassen. Die Dividende wird auf der Hauptversammlung durch den Vorstand vorgeschlagen, kann aber auch ausgesetzt werden. Es ist also keine Muss-Zahlung! Neben der Dividende unterliegt jedes an der Börse gehandelte Wertpapier auch immer einer Kursentwicklung. Hier bestimmt das Verhältnis von Angebot und Nachfrage die Preis- bzw. Kursentwicklung eines Wertpapiers. Je beliebter eine Aktie, z. B. durch eine positive Entwicklung der Unternehmensdaten, umso größer die Nachfrage und umso höher der Preis. Entwickelt sich also der Kurs einer Deiner Aktien besonders prächtig, solltest Du Dir dennoch überlegen, diese zu verkaufen und damit einen passiven Zusatzgewinn zu erzielen.

Der Wert von Aktien schwankt im Tagesverlauf. Niemand weiß morgens, ob der Wert der Aktie am Abend höher oder niedriger sein wird. Schließlich macht das menschliche Verhalten - und mittlerweile auch komplizierte Algorithmen riesiger Computersysteme die im Millisekunden-Bereich handeln (Hochfrequenzhandel) – die Vorhersage eines genauen Kursverlaufs unmöglich. Gerade negative Nachrichten werden fast immer von Kursverlusten (manchmal aber auch Kursgewinnen) begleitet. Deshalb werden Aktien immer wieder als risikoreiche Asset-klasse (Vermögenswert) angesehen. Das ist auch richtig – zumindest auf kurze Sicht! Doch langfristig gesehen beweisen alle Statistiken, dass Aktien einen sicheren Gewinn versprechen.

Seit 1981 verzeichnete der DAX im durchschnittlichen Mittel eine Performance von knapp 10 Prozent jährlich (exakt 9,3 Prozent)! Es ist daher durchaus realistisch, bei langfristigen Aktien-Engagements mit diesem Wert zu rechnen. Und wie Du spätestens seit Kapitel 7.4.1 weißt, verdoppelt sich bei diesem Zinssatz ein Betrag ungefähr alle 7 Jahre!

Die beiden passiven Einkommensmöglichkeiten bei Aktien

Aktien werden, soweit es sich nicht um Neuemissionen handelt, immer zum aktuellen Kurswert erworben. Hierfür werden Transaktionskosten sowie Informationskosten fällig. Transaktionskosten ergeben sich aus Gebühren, die Du bezahlen musst, um im Markt tätig werden zu dürfen. Jede Transaktion kostet somit Geld. Die Preismodelle der Anbieter vari-ieren hier enorm. Am günstigsten sind jedoch Online-Broker. Die Informationskosten spiegeln in unserem Fall die Zeit wider, die wir auf-wenden müssen, um zu analysieren, ob sich der Kauf rentiert oder nicht. Wenn man also mit relativ wenig Geld an der Börse sein Glück versucht, muss man schon sehr erfolgreich handeln. Verfügst Du aber über ein Depot von 100.000 Euro und erwirbst einzelne Aktien im Wert von mehreren Tausend Euro, fallen die Gebühren deutlich weniger ins Gewicht. Wenn Du nun nicht gerade großen Spaß am Trading findest, lohnt es sich gerade als Kleinanleger nicht, häufig zu kaufen und zu ver-kaufen. Das ist übrigens ein offenes Geheimnis.

Aktives vs. passives Investieren

Benjamin Graham war Warren Buffets Mentor. Er war ein Vertreter des aktiven Investierens. Als aktiver Investor siehst Du Dich mehr als Unternehmerinvestor, der ständig nach neuen, lukrativen Aktien und Anleihen sucht und diese analysiert. Diese Person sieht es mehr als Herausforderung und ihr macht es Spaß, das optimale Portfolio zu kreieren (und dabei auch größere Risiken einzugehen).

Der passive oder defensive Investor hat hingegen nicht wirklich Zeit, Aktien oder Geschäftsberichte zu analysieren und ist auch gar nicht sonderlich scharf darauf, das Spiel am Aktienmarkt voll mitzuspielen. Stattdessen möchte diese Person ihre Investitionen auf Autopilot stellen, möglichst wenig Zeit damit verlieren und dennoch Geld verdienen. Zu letzterer Gruppe zähle ich mich selbst.

Ein richtig oder falsch gibt es hier nicht. Dennoch gilt für mich, dass ich möglichst große passive Einkommensströme bei möglichst geringer Start- und laufender Zeitinvestition aufbauen will. Sonst wird es ja wieder zu einem aktiven Einkommen! Daher bin ich ein großer Fan des passiven Investierens, insbesondere mit den im Anschluss aufgezeigten Strategien.

Ab wann lohnt es sich wirklich, in Aktien zu investieren?

Einzelaktien zu erwerben lohnt sich, aufgrund der bereits genannten Informations- und Transaktionskosten, erst ab einer absoluten Mindestanlage von 2.000 Euro. Je höher der Kapitaleinsatz und auch die einzelnen Aktienpositionen, umso niedriger ist auch das Verhältnis der Ordergebühren zum Anlagekapital. Langfristig solltest Du Dir daher überlegen, ob Du lieber 3-4% Gebühren pro Trade oder 0,1-0,2% Gebühren pro Trade bezahlen willst. Besonders wichtig ist auch die Haltedauer. Je länger Du die Aktien hältst, umso relativ niedriger werden die Transaktionsgebühren.

Eine Faustregel besagt, dass man in eine Aktie mindestens 500 Euro investieren sollte. Da es wichtig ist, zu diversifizieren, solltest Du mindestens 5 unterschiedliche Aktien im Depot haben. Das macht dann schnell eine Erstinvestition von ca. 2.500 Euro! Im Schnitt entstehen daraus 4% Transaktionskosten. Ein deutlich besseres Ergebnis erzielst Du natürlich, wenn Du mindestens 2.000 Euro in eine Aktie investierst. Dann fallen die Transaktionskosten prozentual weniger stark ins Gewicht. Dies ist übrigens auch die Empfehlung der meisten „Börsengurus". Zu Beginn solltest Du auf vier bis fünf verschiedene Aktien – am besten Standardwerte – setzen, um Dein kleines Portfolio etwas zu streuen und erst im Zeitverlauf weitere Aktien hinzunehmen. Einige Studien zeigen, dass man ab 20 verschiedenen Aktienwerten im Depot eine ausreichende Diversifikation erreicht hat. Darüber hinaus nimmt das Risiko nur noch in homöopathischen Dosen ab. Das Deutsche Aktieninstitut verlautbart sogar, dass bereits 8 bis 10 verschiedene Aktien ausreichen, um ein gut gestreutes Portfolio zu besitzen.

Damit Du gleich weißt, wo Du anfangen kannst, habe ich Dir im Anschluss einige besonders erfolgreiche (nachhaltige) Dividendenaktien herausgesucht.

Besonders erfolgreiche Dividendenaktien:
- Nestlé (stabiles Unternehmen, das durchschnittlich 2-3% Dividende zahlt) → ISIN: CH0038863350.
- McDonalds (eine der stärksten Marken der Welt, zahlt ca. 3% Dividende und verzeichnet über die Jahre ca. 14% Wertsteigerung) → ISIN: US5801351017.
- Genuine Parts (seit knapp 60 Jahren jährliche Dividendensteigerung) → ISIN US3724601055.
- Coca Cola (eine der stärksten Marken der Welt, 53 Jahre in Folge Dividendenerhöhung) → ISIN: US1912161007.
- General Mills (zahlt seit über 115 Jahren eine Dividende) → ISIN US3703341046.
- Roche (seit mehr als 25 Jahren steigen die Dividendenzahlungen) → ISIN: CH0012032048.
- Procter & Gamble (zahlt seit 1890 ununterbrochen Dividende. Seit 1959 steigen die Dividendenzahlungen jährlich!) → ISIN US7427181091.
- Automobilkonzerne (BMW, Daimler, VW).
- Deutsche Technologiekonzerne (Siemens, Infineon, Linde).

Besonders beliebte Dividendenaktien sind jene Unternehmen, die auf den täglichen Bedarf des Menschen fokussiert sind. Diese verdienen daher auch in wirtschaftlich schlechten Jahren Geld. Dazu zählen insbesondere Konsumgüterhersteller, Pharmakonzerne und auch Tabakproduzenten. Diesem moralischen Dilemma entkommst Du, wenn Du in nachhaltige Dividendenaktien investierst.

Besonders nachhaltige Aktien:
- Aixtron (Halbleiteranlagen) → ISIN: DE000A0WMPJ6.
- Boiron (Homöopathie) → ISIN: FR0000061129.
- Gaia (Ökoprodukte) → ISIN: US36269P1049.
- Kadant (Papierrecycling) → ISIN: US48282T1043.
- Natura Cosmeticos (Kosmetik) → ISIN: BRNATUACNOR6.
- Ormat Technologies (Geothermie) → ISIN: US6866881021.
- Steelcase   (Einrichtungsgegenstände) → ISIN: US8581552036.
- Steico (Dämmstoffe) → ISIN: DE000A0LR936.
- Svenska Cellulosa (Papier) → ISIN: SE0000112724.
- Tesla Motors (Elektroautos, Batterien) → ISIN: US88160R1014.
- Vestas Wind (Windturbinen) → ISIN: DK0010268606.

Diese Rubrik habe ich aufgenommen, da einige der oben genannten Unternehmen nicht unbedingt als sozial und ökologisch nachhaltig bekannt sind. Mir ist jedoch stark an einem nachhaltigen und ethisch korrekten Umgang mit Mensch und Umwelt gelegen. Ich finde, dass wir alle unseren Beitrag zu leisten haben – vor allem wir im Westen, die von einer globalisierten Weltwirtschaft besonders profitieren. Daher habe ich eine kleine Sammlung von Aktien sozial und ökologisch besonders nachhaltiger Unternehmen erstellt, die breit diversifiziert und durchaus auch finanziell lukrativ sind. Wenn Du Dich noch etwas näher dazu informieren willst, kann ich Dir das „Forum nachhaltige Geldanlagen" empfehlen.

Was Du jetzt noch tun musst?

Du hast nun alle wichtigen Werkzeuge in der Hand, Deine ersten Schritte an der Börse zu machen und Dir durch den Aktienmarkt weitere passive Einkommensströme zu erschließen. Alles, was Du jetzt noch tun musst, ist ein Depot zu eröffnen. Am besten eignet sich ein kostenloses Depot bei einem Online-Broker oder bei einer Onlinebank. Beachte bei Deiner Auswahl unbedingt die vier Faktoren Depotführungsgebühren (das Depot sollte kostenlos sein), Handelsgebühren (am besten pro Kauf – schon ab 4,90€ / Transaktion), Mindesteinlagen sowie Vielfalt der Investitionsoptionen.

Starte damit am besten jetzt sofort (noch bevor Du weiterliest)!

Indexfonds – ein umwälzendes Instrument für Jedermann!

„Investiere 10 Prozent in Staatsanleihen und 90 Prozent in einen S&P 500 Indexfonds, der nur niedrige Kosten verursacht. Das Ergebnis wird besser sein, als das der meisten (professionellen und teuren) Investoren."
- Warren Buffet

Nun ist es so, dass die meisten Anfänger an der Börse das notwendige Kleingeld entweder gar nicht erst besitzen oder nicht gewillt sind, größere Startinvestitionen zu tätigen. Sie würden aber gerne am Börsengeschäft partizipieren und das mit einem diversifizierten Portfolio bei angemessenem Risiko. *Zählst Du Dich auch dazu?*

Dann geht es Dir wie mir! Und glücklicherweise gibt es für faule Personen wie mich eine perfekte Lösung. Sie lautet „Exchange Traded Fund" (ETF). Während es früher lediglich aktiv gemanagte Fonds gab, können Anleger ihr Geld seit einigen Jahren in passiv verwaltete Investmentfonds unterbringen. Das ist gleich aus mehreren Gründen eine tolle Sache.

Zum einen kaufst Du mit Deinem Geld ein breit diversifiziertes Portfolio. Zum anderen musst Du hierfür kaum Gebühren bezahlen! Denn aktive Fonds werden von Fondsmanagern gesteuert, die Analysen anstellen und Prognosen erstellen. Doch das kostet natürlich Geld und schmälert damit die Rendite. Zudem gelingt es nur wenigen Fonds, die Performance des Marktes zu schlagen. Sie schneiden häufig sogar schlechter ab (24% schlagen den Markt, 76% unterliegen ihm)! Das liegt aus meiner Sicht daran, weil der Markt, bzw. die ihm zugrundeliegende Psychologie, menschlich und damit unberechenbar ist (der berühmte Herdentrieb, etc.). In einem ETF sind Aktien einer Branche, eines Landesindex wie z. B. dem DAX, oder gar eines ganzen Sektors, z. B. Schwellenländer, enthalten.

Zudem haben ETFs wie auch Aktienfonds strenge Auflagen zu erfüllen. Sie müssen beispielsweise mehr als 20 Unternehmen in ihrem Portfolio halten, dürfen aber die Marke von 100 Unternehmen nicht überschreiten. Darüber hinaus dürfen sie in der Regel auch nicht mehr als 10 Prozent in eine einzige Aktie investieren. Beide Aspekte garantieren zusätzliche Sicherheit!

Alle Vorteile von ETFs im Überblick:
- Niedrige Transaktionsgebühren.
- Breite Risikostreuung, da die stärksten Unternehmen einer Branche bzw. eines Landes vertreten sind (dadurch sogar Reduzierung des Marktrisikos)!
- Keine Kosten für Fondsmanager (schmälert die Rendite i. d. R. um ca. 1,5% / Jahr).
- Kein Ausgabeaufschlag (Agio).
- Automatisierbarkeit durch Einrichtung eines Sparplans.
- Du kannst bereits ab 25 € monatlich einsteigen und investieren (mehr dazu im kommenden Kapitel).
- Du partizipierst von Dividenden und steigenden Börsenkursen. Das liegt vor allem am Geldregen der EZB (infolge der Euro-Krise), der zu einer Aufblähung (=Inflation) der Preise (=Kurse) am Aktienmarkt führt!

ETFs haben, gegenüber traditionellen Aktienfonds, gerade was ihre Gebührenstruktur angeht deutliche Vorteile. Wenn Du einen traditionellen Aktienfonds erwirbst, beauftragst Du einen Fondsmanager damit, ihn für Dich zu handzuhaben. Für diese aktive Komponente musst Du die sogenannte „Total Expense Ratio" (TER) bezahlen. Sie liegt in etwa bei 0,3 bis drei Prozent. Diese Summe wird einmal im Jahr aus dem gesamten Anlagekapital bezahlt. Im Gegensatz dazu sind ETFs passiv verwaltet. Dadurch sinken auch diese Kosten auf einen Bruchteil. In der Regel wird für ETFs eine TER von zwischen 0,05 und 0,5 Prozent verlangt! Investiere deshalb immer in passive Fonds (ETFs), die keine oder nur sehr niedrige Kosten haben!

Zur Verdeutlichung ein Beispiel:

Anna Activa und Peter Passiva sind ein Paar. Beide verfolgen den Traum, deutlich früher in Rente zu gehen. Sie entscheiden sich, ab sofort 500 Euro monatlich für 25 Jahre zu investieren. Anna Activa entscheidet sich für einen aktiv gemanagten Fonds. Peter Passiva hingegen für einen passiv gemanagten ETF. Beide erzielen dieselbe Rendite von 8%. Allerdings kostet der Fonds von Anna Gebühren von 1,5 Prozent, während für den Fonds von Peter nur 0,17 Prozent Gebühren fällig werden. Das Ergebnis nach 25 Jahren?

- Anna Activa: 374.417€
- Peter Passiva: 462.583€

Peter Passiva hat 88.165€ mehr als Anna erzielt. Geld, dass Anna einzig und allein für das Fondsmanagement ausgegeben hat!

Thesaurierend oder ausschüttend?

Bei ETFs ist eine weitere wichtige Unterscheidung zu kennen. Den Unterschied von thesaurierend und ausschüttend. Thesaurierende ETFs veranlagen den erzielten Gewinn wieder, während ihn ausschüttende ETFs an Dich ausschütten (und damit den Zinseszins-Effekt ausschließen). Thesaurierende ETFs eignen sich damit eher für den langfristigen Vermögensaufbau. Ausschüttende ETFs sind hingegen eher dafür geeignet, ein passives Einkommen aufzubauen. Es gibt somit einmal mehr kein richtig oder falsch. Vielmehr hängt Deine Entscheidung von Deinen persönlichen Präferenzen ab. Ich persönlich habe aus den genannten Gründen ausschüttende ETFs für mein Portfolio ausgewählt.

Besonders erfolgreiche ETFs:

- ComStage DAX (die 30 stärksten Unternehmen Deutschlands, ausschüttend) → ISIN LU0378438732.
- DWS Top Dividende (ausschüttend) → ISIN: DE0009848119.
- Threadneedle Pan European Equity Dividend (ausschüttend) → ISIN: GB00B12ZG015.
- TecDAX (30 größte und meist gehandelte deutsche Technologieunternehmen; thesaurierend) → ISIN: DE0005933972.
- MSCI EM Information Technology Index (Index von Schwellenländern; thesaurierend) → ISIN: LU0592217102.
- S&P Select frontier (Aktien aus Schwellenländern; thesaurierend) ISIN LU0328476410.
- Source STOXX Europe 600 (Basiskonsumgüter aus Europa; thesaurierend) → ISIN IE00B5MTZ595.
- Euro Stoxx Select Dividend 30 (Europäische Dividendenaktien; ausschüttend)→ ISIN: LU0292095535.
- Lyxor MSCI World UCITS (1.800 der stärksten Unternehmen der Welt. Vorteil: hohe Risikostreuung und Reduktion des Branchenrisikos. Nachteil: wenig Transparenz; ausschüttend) → ISIN FR0010315770.

Besonders nachhaltige ETFs:

- Lyxor World Water (mit diesem ETF unterstützt Du die Wasserversorgung in der Welt; ausschüttend) → ISIN: FR0010527275.
- UBS MSCI World Socially Responsable (dieser ETF schließt Unternehmen aus, die Geld mit Alkohol, Tabak, Glücksspiel, Waffen und Pornographie machen; ausschüttend) → ISIN: LU0629459743.
- iShares Dow Jones global Sustainability (eine weltweite Auswahl nachhaltiger Unternehmen; thesaurierend) → ISIN: IE00B57X3V84.
- Green Effects NAI-Wertefonds (nachhaltige Unternehmen aus Deutschland; thesaurierend) → ISIN: IE0005895655.

Auch bei ETFs gilt für mich, dass ich wenigstens versuche, mein passives Einkommen aus nachhaltigen und fairen Quellen zu beziehen. Daher habe ich diese kleine Sammlung von ETFs mit Aktien sozial und ökologisch besonders nachhaltiger Unternehmen erstellt, die finanziell ebenfalls lukrativ sind. Mit etwas Geschick kannst Du Dir mit ETFs sogar ein Weltportfolio aufbauen. Das gelingt natürlich nicht zu 100 Prozent, aber je näher du diesem Portfolio kommst, umso perfekter bist du diversifiziert und umso geringer ist Dein Gesamtrisiko.

Der Durchschnittskosteneffekt mit dem ETF-Sparplan

Du siehst also, ETFs sind eine tolle Sache. Sie kombinieren eine breite Diversifikation mit einem konstanten passiven Einkommen und sind darüber hinaus lukrativ und günstig. Wäre es nicht genial, wenn wir nun, wie früher auf das Sparbuch, einfach monatlich auf unser Depot einzahlen und diesen Einkommensstrom einfach auf Autopilot umstellen könnten? Genau das ist mit einem ETF-Sparplan möglich!

Ein ETF-Sparplan ist gerade für den langfristigen Aufbau passiver Einkommensströme bei einem kleinen Geldbeutel ideal! Du kannst bereits ab 25 Euro monatlich ETFs erwerben. Zudem kannst Du eine Dynamisierung der Sparrate einstellen. Damit steigt Deine Sparquote jedes Jahr um einen von Dir festgelegten Prozentsatz und erzeugt zusätzlichen Zinseszins-Effekt! So habe ich auch angefangen. Derzeit spare ich monatlich 150 € in nachhaltige ETF-Sparpläne und den DAX. Dabei habe ich eine dynamische jährliche Steigerung der Einzahlungen von 5 Prozent festgelegt, um den Zinseszins-Effekt zu verstärken und schneller an mein Ziel zu gelangen! Ein ETF-Sparplan bietet darüber hinaus aber noch einen weiteren Vorteil, der kaum bekannt ist – den sogenannten Durchschnittskosteneffekt, im Fachjargon als Cost-Average-Effekt bezeichnet. Und keine Sorge, auch hier wird es nicht hochtechnisch, sondern es bleibt praktisch und anwendbar!

Der Cost-Average-Effekt

Als Aktien-Anfänger stand ich zu Beginn meiner kleinen Anleger-Karriere vor vielen Fragen. Diese Fragen sind es auch, die die meisten Menschen vom ersten Schritt abhalten. Mich beschäftigten die Fragen:

- Worin soll ich investieren?
- Wie viel soll ich investieren?
- Wie lange soll ich investieren?

Immer wieder dachte ich, wie schön es doch wäre, wenn es eine Strategie gäbe, die mir – ähnlich einem Autopiloten – alle Entscheidungen abnähme. Die Lösung auf mein Problem las ich vor einigen Jahren in einem Artikel der Zeit. Darin stellte die Zeitung ETFs als praktische und günstige Alternativen zu Aktien vor. Die nachfolgende Recherche, die ich für einen Blogbeitrag anstellte, brachte mich schließlich auf den Begriff „Cost-Average-Effekt". Ein Phänomen, das selbst bei den meisten ETF-Anlegern noch relativ unbekannt ist, und das, obwohl er zu einem nicht unwesentlichen Teil zum Erfolg der Exchange Traded Funds beiträgt! Mit einem ETF-Sparplan profitierst Du von diesem Effekt. Er ermöglicht es Dir, in nur wenigen Jahren – je nachdem wie viel Du monatlich zu investieren bereit bist – im Autopilot-Modus finanzielle Freiheit zu erreichen.

Der Durchschnittskosteneffekt ist ein Nebenprodukt eines langfristigen Vermögenssparplans. Du profitierst sowohl von fallenden, als auch steigenden Kurswerten Deiner ETFs. Wenn Du beispielsweise 100 Euro monatlich in einen Sparplan investierst, erhältst Du automatisch mehr Anteile für Dein investiertes Geld, wenn sich der Kurswert in diesem Monat schlecht entwickelt hat und gefallen ist. Ist der Kurswert im jeweiligen Monat hingegen gestiegen, kaufst Du mit 100 Euro relativ gesehen weniger. Auf lange Sicht erzielst Du somit einen niedrigeren durchschnittlichen Einkaufspreis!

Das bedeutet zugleich, dass gerade Kursschwankungen für richtig hohe Gewinne sorgen können. Diese Gewinne realisierst Du allerdings erst, wenn Du auch bereit bist, einen Teil Deiner passiven Einkommensquellen zu verkaufen. Wann das geschehen sollte, musst Du, anhand Deiner persönlichen Präferenzen, selbst entscheiden. Viele Börsenexperten raten bei ETF-Sparplänen allerdings zu Geduld und empfehlen einen Anlagehorizont von 10 bis 15 Jahren, um möglichst optimale Ergebnisse zu erzielen. Zum einen, weil Du so von den langfristigen Kurssteigerungen sowie, bei thesaurierenden ETFs vom Zinseszins-Effekt profitieren kannst und zum anderen, weil der relative Anteil der Transaktionskosten über die Zeit bzw. mit steigender Investitionssumme sinkt.

Ein ETF-Sparplan ist wirklich prädestiniert dafür, Dir langfristig, stressfrei und entspannt, passive Einkommensströme und damit ein kleines Vermögen aufzubauen.

Rentenfonds und Renten-ETFs: Vermögen im Alter

Für alle, die langfristig ein Vermögen aufbauen wollen, das bei Eintritt in die Rente fast wie ein zweites Einkommen ist, sind Renten-ETFs und auch Rentenfonds interessant. Bei einem Drittel aller Rentenfonds handelt es sich ebenfalls um passiv verwaltete Indexfonds (ETFs). Ich habe diese Strategie ergänzend in dieses Buch mit aufgenommen, weil alles darauf hinweist, dass die Generation 40 Jahre und jünger, wenn überhaupt, nur noch eine sehr geringe Rente beziehen wird. Es ist also wichtiger denn je, selbst vorzusorgen und für den Fall der Fälle einen Plan B in der Tasche zu haben. Ich finde, Renten-ETFs sind eine hervorragende Strategie, während des Arbeitslebens parallel vom Aktienmarkt zu profitieren. Thomas Müller und Alexander Coels behaupten in ihrem „Börsenbuch" nicht ohne Grund, dass der DAX bis 2039 auf 100.000 Punkte steigen wird! Die Autoren verweisen auf ihre Analyse der historischen Kurswertdaten, die einen jährlichen Wertzuwachs von ca. 10 Prozent zeigt. Für mich ist diese Behauptung auch deshalb realistisch, weil unser gesamtes System auf Wirtschaftswachstum aufgebaut ist. Sobald unsere Wirtschaft nicht mehr wächst, bricht das Kartenhaus in sich zusammen und die Welt kollabiert. Dies werden Politik und Wirtschaft mit allen Mitteln zu verhindern versuchen. Gerade wenn Du ein sehr konservativer und langfristig orientierter Investor bist, der sich vor allem für das Alter mit einem kleinen Vermögen absichern möchte, können Renten-ETFs oder gar Rentenfonds (darin finden sich meist Staats- und Unternehmensanleihen) eine tolle ergänzende Option sein. Auch sie sind passive Einkommensquellen, die Renditen entweder thesaurieren oder ausschütten. Aus meiner Sicht sind für den langfristigen Vermögensaufbau thesaurierende ETFs und Rentenfonds daher am besten geeignet, weil Du hier direkt vom Zinseszins-Effekt profitierst.

Besonders empfehlenswerte Rentenfonds und Renten-ETFs:
- Deka-Nachhaltigkeit Renten CF; aktiv gemanagt → ISIN: LU0703711035.
- Kepler Ethik Rentenfonds; aktiv gemanagt → ISIN: AT0000815006.
- Liga-Pax-Rent-Union; aktiv gemanagt → ISIN: DE0008491226.
- Superior 1 Ethik Renten; aktiv gemanagt → ISIN: AT0000855606.
- Amundi ETF GB HR €MTS IG; ETF (passiv) → ISIN: FR0010892190.
- iShares V Spain Gvt Bd UE EUR; ETF → ISIN: IE00B428Z604.

Beachte bitte, dass einige der genannten Fonds aktiv gemanagt sind und damit höhere Kosten verursachen. Sie verlangen auch einen Aus-gabeaufschlag (Agio), den Du mit Deiner Rendite erst einmal wett-machen musst, bevor Du überhaupt Gewinne generierst. Bei ETFs umgehst Du diese zusätzlichen Kosten und vertraust statt einem Fonds-manager dem Markt.

Anleihen – einfach, sicher und automatisiert!

Während meines Masterstudiums besuchte ich das Fach „Asset Management". Darin ging es vor allen Dingen darum, ein möglichst optimales Portfolio (hohe Rendite, bei niedrigem Risiko) zu erstellen. Dabei rechneten wir stets mit Staatsanleihen, sogenannten Bonds, als sichere Anlagen. Der Zinssatz von Staatsanleihen diente als konstante Variable in der Berechnung pareto-optimaler Portfolios. Nachdem ich dem Geldsystem bereits damals kritisch gegenüberstand und wusste, dass auch Staaten Pleite gehen konnten, hielt ich diese Annahme stets für falsch. Nichtsdestotrotz führte meine Auseinandersetzung mit der Portfoliotheorie dazu, dass ich mich mit Anleihen, als Instrument mir passives Einkommen aufzubauen, etwas näher beschäftigte. Dabei gewann ich einige wertvolle Erkenntnisse.

1. Anleihen sind etwas weniger risikobehaftet als Aktien. Aber auch sie unterliegen Markt- bzw. Kursschwankungen. Sie sind ein Medium, über das sich Unternehmen und Staaten finanzieren können.

2. Bei Anleihen handelt es sich um Investitionen, deren Verzinsung Du von Anfang an kennst. Damit ist Dir der Rückzahlungsbetrag bereits bei Deiner Investition bekannt. Du erhältst fixe monatliche Zinszahlungen auf Deinen angelegten Betrag und zum Laufzeitende Dein investiertes Kapital zurück. Diese Rückzahlung kann man somit mit der Tilgung einer Restschuld gleichsetzen.

3. Innerhalb der Anleihenklasse unterscheidet man zwischen Staatsanleihen und Unternehmensanleihen (Pfandbriefe sollen für uns nicht von Bedeutung sein). Von Ersteren nahm man lange an, sie seien zu 100 Prozent sicher. Dies lag der Fehlannahme zugrunde, Staaten könnten nicht Pleite gehen (obwohl sie das über die Jahrhunderte immer wieder taten!). Dasselbe gilt aber auch für Unternehmen. Einfach gesagt: Auch Anleihen können ausfallen! Dieses Risiko lässt sich aller-

dings diversifizieren, indem Du verschiedene Anleihen unterschiedlichen Risikos und unterschiedlicher Laufzeit erwirbst.

4. Im Zeitverlauf kannst Du, als grober Anhaltspunkt, mit Anleihen ca. 5 Prozent Rendite pro Jahr erwirtschaften.

5. Der Anlagehorizont für kurzlaufende Anleihen beträgt zwischen 2 und 6 Jahren, für langlaufende Anleihen mehr als 6 Jahre. Auch hier macht's die Mischung! Je besser Du hier streust, umso weniger Risiko gehst Du ein und umso konstanter bleiben Deine Auszahlungen.

6. Langlaufende Anleihen bedeuten eine längere Kapitalbindung, ein höheres Zinsänderungsrisiko und zahlen daher höhere Renditen. Kurzlaufende Anleihen unterliegen zwar einem geringeren Zinsänderungsrisiko, zahlen aber auch geringere Renditen.

7. Anleihekurse steigen bei fallenden und fallen bei steigenden Zinsen.

Gerade eine lange Kapitalbindung kann in Zeiten niedriger Zinsen problematisch sein. Wenn die Zinssätze nämlich steigen, wird der Zinssatz, den Du mit der Partei, die die Anleihe herausgegeben hat, vereinbart hast, für Dich unattraktiver. Schließlich bieten die neuen Anleihen höhere Zinsen, weswegen sie Anleger den alten Anleihen (mit niedrigerer Verzinsung und gleicher (Rest-)Laufzeit) vorziehen werden. Du kannst von dem steigenden Zinsniveau nur dann noch profitieren, wenn Du Deine Anleihen (meistens mit einem Verlust) verkaufst. Anleihen zählen, nach Festgeld, allerdings immer noch zu den sichersten Wertpapieren. Daher sollten sie in einer guten Portfoliomischung nicht fehlen. Da es sich allerdings um kleinere passive Einkommensströme handelt, wollte ich auch hier meine zeitliche Investition möglichst gering halten und meinen Arbeitseinsatz so gut wie möglich automatisieren. Darüber hinaus sollte auch bei dieser Strategie ein ausgeglichenes Verhältnis von Rendite und Risiko herrschen - Stichwort Diversifikation. Eine bewährte Strategie, die diese Aspekte vereint, ist die sogenannte Bond-Ladder bzw. Leiterstrategie (in Anlehnung an die Strategie der Festgeldleiter).

Die Bond-Ladder

Für Anleihen erhältst Du mehr Rendite als für Tagesgeld, „bezahlst"
dies jedoch mit verringerter Liquidität. Das heißt, dass du während der
Laufzeit nicht, bzw. nur gegen große Verluste, auf Dein Geld zurückgreifen kannst. Der Trick, dieses Ungleichgewicht zu reduzieren, ist, in
Anleihen verschiedener Laufzeiten zu investieren. Dadurch gewährleistest Du eine höhere Liquidität (passive Einkommensströme) und
senkst zugleich Dein Risiko. Damit Dir das gelingt, unterteilst Du
Deinen Anleihen-Investitionsbetrag zunächst in 3 bis 5 gleich große
Tranchen (Anteile).

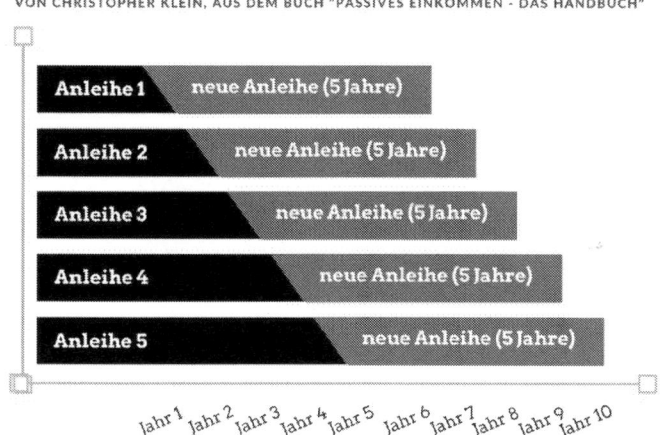

157

Die Tranchen legst Du anschließend zu voneinander abweichenden Laufzeiten an. Beispielhaft könnten die Laufzeiten der Anleihen 1, 2, 3, 4 und 5 Jahre betragen. Solltest Du risikofreudiger sein, können die Abstände auch größer gewählt werden (z. B. 2, 4, 6, 8 und 10 Jahre). Läuft nun die erste Tranche nach einem Jahr aus, legst Du eine neue Anleihe, mit der maximal von Dir gewählten Laufzeit (in unserem Beispiel 5 Jahre) erneut in Dein Depot. Im Jahr darauf läuft die zweite Tranche aus und Du fügst erneut eine Anleihe mit maximaler Laufzeit hinzu. In Jahr 3 läuft die dritte Tranche aus und Du wiederholst die Strategie. Ich denke, dieses Eichhörnchen-Prinzip wird Dir rasch klar. Mithilfe diese Strategie profitierst Du in unserem Beispiel ab dem 5. Jahr zwar von höheren Zinssätzen, aufgrund längeren Laufzeit, musst dafür aber nicht auf Liquidität verzichten!

Mit dem Bond-Laddering vereinst Du die Vorteile hoher Liquidität und konstant steigender passiver Einkommensströme (Rendite) bei diversifiziertem Risiko. Erhöht die EZB die Leitzinsen, kannst Du schnell reagieren. Du kannst mit Liquidität, die in regelmäßigen Abständen frei wird, immer neue Anleihen mit höheren Zinsen zukaufen. Bond-Laddering garantiert Dir somit einen ziemlich sicheren kontinuierlichen Geldfluss und ist damit ein tolles und überaus einfaches Instrument, Dir einen weiteren passiven Einkommensstrom aufzubauen.

Crowdinvesting: Start-up Portfolio aufbauen

Eine völlig neue Art und Weise, Dir passives Einkommen mittels eines eigenen Portfolios aufzubauen, ist das sogenannte „Crowdinvesting". Der Begriff Crowdinvesting wurde von der bekannteren Form der Schwarmfinanzierung, dem Crowdfunding, abgeleitet, hat damit allerdings nur sehr wenig zu tun. Bei Schwarmfinanzierungen kann eine Community dafür sorgen, dass ein Projekt zustande kommt. Beim Crowdfunding erwirbst Du mit Deiner Investition eine symbolische Gegenleistung. Häufig sind gratis Produkte des Unternehmens zu finden, die der Investor als einer der ersten überhaupt erhält. Je nach Investitionshöhe werden aber auch persönliche Treffen oder Ähnliches als Gegenleistung angeboten. Die Gegenleistung ist also nicht monetär und gleicht eher einer Spende. Ganz anders bei Crowdinvesting. Hier besteht die Gegenleistung im Erwerb eines Unternehmensanteils – einer Aktie! Als Investor kannst Du damit sowohl von den potentiellen Gewinnen des Unternehmens als auch einem etwaigen Verkauf an Großinvestoren profitieren. Diese Art einer Unternehmensbeteiligung war noch vor einigen Jahren lediglich kapitalstarken Investoren (insb. Business Angels und Venture Kapitalisten) vorbehalten. Schließlich ist diese Finanzierungsform gerade für junge Unternehmen eine tolle Alternative, um Geschäftsideen ohne teureres Fremdkapital gewinnbringend umzusetzen. Damit wird Crowdinvesting auch für kleine bis mittelstarke Investoren wie Dich und mich zu einer faszinierenden Möglichkeit, uns ein weiteres passives Einkommensstandbein aufzubauen. Eines, das bislang noch kaum genutzt wird und überaus lukrative Renditen verspricht. Allerdings muss Dir auch bewusst sein, dass es sich bei dieser Investitionsstrategie bereits um risikoreichere Kapitalanlagen handelt. Schließlich kannst Du Dein eingesetztes Geld verlieren, wenn das Unternehmen nicht erfolgreich ist und Pleite geht. Du begibst Dich damit also ins Risikokapital. Wie bei allen anderen Investitionen gilt hier ganz besonders: Kein Geld einzusetzen, auf das Du in absehbarer Zeit angewiesen sein könntest!

Die Funktionsweise von Crowdinvesting

Gründer, Start-ups oder junge Unternehmen wählen zunächst eine der zahlreichen digitalen Crowdinvesting-Plattformen aus. Dort stellen sie sich, das Unternehmen, die Geschäftsidee und meist auch ihren Finanzplan vor. Darüber hinaus wird die mindestens zu erreichende Investitionssumme (Mindestfinanzierungsbetrag) festgelegt. Anschließend werden die Angaben der Kapitalsuchenden von der jeweiligen Crowdinvesting-Plattform geprüft. Nur bei positivem Ergebnis wird das Gesuch auch tatsächlich online gestellt. Wird der Mindestfinanzierungsbetrag durch die Crowdinvestoren während des gewählten Zeitraums erreicht, kommt die Finanzierung zustande und das Geld fließt. Sollte das nicht gelingen, bekommt der Investor sein Geld zurück. Im Falle einer erfolgreichen Finanzierung erhalten die Investoren von den jeweiligen Unternehmen regelmäßige Informationen über den aktuellen Geschäftsverlauf. Entwickelt sich das Geschäft erfolgreich, erhalten die Investoren den vom Kapitalsuchenden versprochenen Erfolgsbeitrag (Rendite).

Diese Begriffe solltest Du kennen

Mindestinvest: Abhängig von der gewählten Plattform werden unterschiedlich hohe Mindestinvestitionssummen verlangt. Diese können zwischen 5 Euro (Companisto) und 250 Euro (Seedmatch) liegen.

Laufzeit Fundingphase: Innerhalb dieses Zeitraums sollte der Mindestfinanzierungsbetrag erreicht werden, damit die Finanzierung zustande kommt. In besonderen Fällen können die Laufzeiten verlängert werden.

(Mindest)-Laufzeit: Abhängig vom Geschäftsmodell und der Finanzplanung variiert die Mindestlaufzeit der Investition von Unternehmen zu Unternehmen. Besonders häufig sind jedoch Laufzeiten zwischen 2,5 und 6 Jahren.

Art der Beteiligung: Neben Genussscheinen und partiarischen Darlehen werden am häufigsten stille Unternehmensbeteiligungen angeboten. Dies ist eine Mischform aus Eigen- und Fremdfinanzierung, die allerdings keine aktiven Mitspracherechte bei der Unternehmensführung begründet. Allerdings begründet sie eine finanzielle Beteiligung an Gewinn und Verkaufserlös des Unternehmens (keine Nachschusspflicht).

Meine Tipps für cleveres Crowdinvesting

Ich selbst habe erst vor Kurzem mit Crowdinvesting begonnen. Insofern halten sich meine Erfahrungen und Empfehlungen (noch) in Grenzen. Ich kann auf jeden Fall schonmal bestätigen, dass es großen Spaß macht und überaus einfach ist, sich ein eigenes Start-up-Portfolio zusammenzubauen. Ich finde es großartig, mein Geld als Investor in Ideen stecken zu dürfen, die ich anhand meiner ganz individuellen Präferenzen für sinnvoll, zukunftsweisend und nutzenbringend erachte.

Mindestens genauso wichtig ist es aus meiner Sicht jedoch, sich mit den Rahmendaten auseinanderzusetzen. Neben der Idee zählen für mich auch die ganz harten Fakten, die auf den jeweiligen Plattformen von den Unternehmen als Pflichtangaben gemacht werden müssen und somit zur Transparenz beitragen. Dazu zählen unter anderem der Finanzplan, Produkt und Kundennutzen, das Geschäftsmodell, das Alleinstellungsmerkmal, Kunden und Geschäftspartner, das Marktvolumen, der aktuelle Stand, die Zukunftschancen, eine SWOT Analyse, die Verwendung der Crowdinvesting-Mittel, Patente und Zertifizierungen und nicht zuletzt auch das Team. Sind diese Faktoren für mich stimmig, investiere ich.

Da ich mich allerdings noch in der Lernphase befinde, tätige ich momentan nur kleinere Investments (50€ pro Investition) – diese jedoch zahlreich. Damit ist einmal mehr eine steigende Diversifizierung des Portfolios gewährleistet und ich kann zugleich wertvolle Erfahrungen sammeln. Diese praktischen Erfahrungen sind es nämlich, die schließlich in Kombination mit den anderen passiven Einkommensstrategien eine steile Lernkurve schaffen. Das sollte auch Dein Ansatz sein. Je mehr praktische Erfahrungen Du sammelst, umso besser wirst Du Deine zukünftigen Investitionen einschätzen können. Welche Tipps sind nun besonders wichtig?

1. Gerade als Anfänger macht es am meisten Sinn, vor allem viele kleine Beträge in ganz unterschiedliche Unternehmen zu investieren. Streue Deine Investitionen also möglichst breit. Das Grundprinzip der Diversifikation gilt bei dieser etwas riskanteren passiven Einkommensform besonders, denn Verluste durch Ausfälle sind so gut wie sicher! Einmal mehr gilt für diesen Worst-Case nicht alle Äpfel in einen Korb zu legen. Je mehr Körbe (Unternehmen) Du in Deinem Portfolio ansiedelst, umso weniger stark werden sich etwaige Verluste für Dich auswirken!

2. Gerade zu Beginn halte ich es ebenfalls für sinnvoll, in jene Ideen zu investieren, wo Du bereits etwas Erfahrung (z. B. aus dem Alltag, durch Hobbys, etc.) in Deine Entscheidung einbringen kannst.

3. Eine gute Methode, die Geschäftsidee zu evaluieren ist, Dich in die Zielgruppe zu versetzen. Würdest Du das Produkt bzw. die Dienstleistung konsumieren bzw. in Anspruch nehmen?

4. Das Prinzip der Schwarmfinanzierung ist eng mit dem Phänomen der Schwarmintelligenz verbunden. Das heißt, dass es durchaus Sinn macht, dort zu investieren, wo bereits andere Investoren Geld investiert haben. Das steigert nicht nur den so genannten „Social Proof" (soziale Bewährtheit) des Unternehmens, sondern erhöht zugleich das Gesamtkapital, mit dem das Start-up operieren kann. Diese gesteigerte Liquidität erhöht die Erfolgsaussichten wiederum enorm!

5. Als Crowdinvestor bist Du seit dem 10.7.2015, im Rahmen des Kleinanlegerschutzgesetzes, verbraucherschutzrechtlich abgesichert.

6. Halte bei Deinen Investitionen auch Ausschau nach zusätzlich angebotenen Prämien, wie z. B. Gutscheinen, etc. Sie verbessern die Rendite Deines Investments unmittelbar, gehen aber meist mit etwas höheren Mindestinvestitionsbeträgen einher.

7. Besonders toll finde ich, dass bei den Investitionen keine Transaktionsgebühren anfallen und sich daher kleinere Investitionen genauso lohnen, wie größere.

Meine Strategie?

Da ich mich durchaus als faulen Menschen bezeichnen würde, versuche ich, die Anzahl der täglich auf mich einprasselnden Entscheidungen niedrig zu halten. Genau deshalb wollte ich auch meine Crowdinvestitionen möglichst stark automatisieren.

Ich nehme mir jeden Monatsanfang einen halben Tag Zeit für meine passiven Investitions-Einkommensquellen. Dann entscheide ich auch über meine neuen Crowdinvestments. Ich investiere 150€ zu Tranchen von jeweils 50€ in drei unterschiedliche Start-ups. Dabei achte ich darauf, dass alle drei Investitionen unterschiedlichen Branchen angehören und eine unterschiedliche Rendite aufweisen (niedrig, mittel und hoch). Außerdem spielt für mich auch der soziale Faktor eine wichtige Rolle. Ich versuche, das zu unterstützen, was mir auch am Herzen liegt! Künftig werde ich auch noch den Faktor Laufzeit in meine Überlegungen mit einfließen lassen. Damit versuche ich das Prinzip der Bond-Ladder auf das Crowdinvesting zu übertragen. Das soll die Mischung von hoher Liquidität und konstantem passiven Geldfluss gewährleisten. Auf diese Weise entwickelt sich im Laufe der Zeit (hoffentlich) ein diversifiziertes Portfolio mit einem für meine Ansprüche adäquaten Rendite-Risiko Verhältnis.

Bedenke allerdings, dass diese Strategie auf meine individuellen Rendite-Risiko Präferenzen sowie an mein Budget angepasst ist. Es kann gut sein, dass Du völlig andere Präferenzen hast und daher ein anderer Weg sehr viel zielführender für Dich ist. Außerdem möchte ich anmerken, dass häufig noch zu wenig Investitionsmöglichkeiten angeboten werden.

Bevor Du nun einen Überblick über einige gängige und bereits etablierte Crowdinvesting-Plattformen erhältst, muss ich Dich warnen. Gerade Crowdinvesting kann süchtig machen und man verfällt schnell dem Kaufrausch! Lege daher vorher den Betrag fest, den Du (z. B. diesen Monat) investieren möchtest und halte Dich daran, wie an einen Einkaufszettel. Sonst kann es passieren, dass Du an der Kasse feststellst, dass Du Dinge in den Korb gelegt hast, die Du entweder gar nicht kaufen wolltest, oder die Dein Budget übersteigen!

Empfehlenswerte Plattformen:
- Companisto (https://www.companisto.com/)
  → Mindestinvest: 5€.
- Bergfürst (https://de.bergfuerst.com/)
  → Mindestinvest: 10€.
- Seedmatch (https://www.seedmatch.de/crowdinvesting)
  → Mindestinvest: 250€.
- Innovestment (https://www.innovestment.de/)
  → Mindestinvest: 10€.
- Conda (https://www.conda.de/crowdinvesting/deutschland/)
  → Mindestinvest: 100€.
- AFunderNation (https://www.fundernation.eu/) → Mindestinvest: 100€.

Passives Einkommen mit P2P-Krediten

Die Digitalisierung wälzt derzeit nicht nur unser alltägliches Leben um, sondern revolutioniert auch den Finanzmarkt und ganze Industrien. Dazu zählt auch das Bankenwesen, das in den letzten Jahrhunderten ohnehin eine beeindruckende Metamorphose vollzogen hat. Von Tauschhandel, über Edelmetalle, zu Papier- und schließlich vollkommen digitalem Geld, das nur noch eine Zahl auf einem computergestützten System darstellt. Die traditionelle Kreditvergabe ist jedoch nach wie vor eines der wichtigsten Standbeine des Bankenwesens. Mit dieser Einkommensquelle hatten Banken lange eine Monopolstellung. Diese könnte jedoch, durch die beeindruckende Entwicklung des sogenannten „Peer-to-Peer Lendings" (P2P), eine ganz neue Wendung erfahren. Peer-to-Peer Lending ist hierzulande noch kaum bekannt. Dabei bietet die P2P-Kreditvergabe eine Möglichkeit, hohe Renditen mit einem durchaus sozialen Charakter zu verbinden und dabei den Banken sogar ein Schnippchen zu schlagen.

P2P-Kredite sind Direktkredite von Privatperson zu Privatperson. Die Transaktionen werden über digitale Plattformen abgewickelt und machen damit Banken (und ihre teils horrenden Gebühren) für den Verleihprozess überflüssig. Wie überall in der Wirtschaft herrscht auch bei der Kreditvergabe das Grundprinzip von Angebot und Nachfrage. In vielen Ländern herrscht eine hohe Nachfrage nach Krediten, doch das Angebot lässt häufig zu wünschen übrig.

      Hier sind wir stark geblendet von der Niedrigzinsstrategie der großen Zentralbanken überall auf der Welt. Wir gehen davon aus, dass die bei uns sehr niedrigen Zinsen sich überall in Europa finden lassen müssten. Während das für die Refinanzierung der Staaten in einem gewissen Ausmaß richtig ist, zerfällt diese Rechnung beim Blick auf die Inanspruchnahme von Krediten bei Privatpersonen. In vielen wirtschaftlich weniger starken europäischen Ländern, z. B. den Balkanstaaten, ist es als Privatperson beispielsweise kaum möglich Bankkredite unter 10 Prozent Zinsen zu erhalten. Während ein Kredit mit 10 Prozent Zinsen in Litauen oder Spanien ein gutes Geschäft für den Kreditnehmer bedeutet, können wir hierzulande derartige Renditen nur durch hochriskante Geschäfte erzielen. Es entsteht damit eine Situation, von der beide Seiten profitieren können.

Mich hat diese sehr direkte Form des passiven Einkommens sofort angesprochen. Deshalb habe ich während der Recherchen für dieses Buch insgesamt 2.250 Euro auf 3 (Twino, Bondora und Mintos) verschiedenen Plattformen angelegt. Damit wollte ich erste Erfahrungen sammeln und anhand dieser Werte schließlich auch entscheiden, wo mein Geld langfristig am besten und lukrativsten aufgehoben ist. Auf der deutschen Plattform Auxmoney habe ich kein Geld investiert. Dort wird für meinen Geschmack zu viel Geld in Werbung investiert. Außerdem erhebt Auxmoney Gebühren und auch der Mindestanlagebetrag ist deutlich höher als auf anderen Plattformen (25€). Dies wirkt sich negativ auf Diversifikationsmöglichkeiten aus. Auf Mintos habe ich zusätzlich einen monatlichen Dauerauftrag von 50€ eingerichtet. Dieser monatliche Sparbetrag garantiert mir eine noch dynamischere Zinseszins-Kurve durch die Option des Autoinvestments auf der aus meiner Sicht derzeit besten Plattform.

Die Funktionsweise von P2P-Krediten in 3 Schritten

1. Im ersten Schritt musst Du auf einer oder mehrerer Deinen Präferenzen am besten komplementierenden Plattformen ein Konto eröffnen. Anschließend kannst Du dort, unter Verwendung Deiner Investoren-ID, Geld per Überweisung einzahlen.

2. Anschließend kannst Du Dein Geld als Kredite vergeben. Das kann manuell geschehen, indem Du selbst die Kredite und Kreditnehmer analysierst und entscheidest, ob Du Dein Geld dort unterbringen möchtest, oder mithilfe der Autoinvest-Funktion.

3. Solltest Du Dein Geld eines Tages wiederhaben wollen, kannst Du es Dir auf Dein Konto überweisen. Möchtest Du mehr Kredite liquidieren, hast Du zwei Möglichkeiten. Du kannst warten, bis die Kredite zurückgezahlt (Zinsen + Tilgung) worden sind, und Dir das Geld ausbezahlen. Hierfür ist es wichtig, dass Du die Autoinvest-Funktion deaktivierst. Du kannst Deine Kredite aber auch am Sekundärmarkt verkaufen und damit zügiger an Dein Geld kommen. Dies geht jedoch häufig mit Verlusten einher!

Diese Begriffe solltest Du kennen

Erstinvest: Nachdem Du Dich angemeldet hast, musst Du zuerst einmal Geld auf die jeweilige Plattform überweisen. Sobald es dort eingetroffen ist, kann es verliehen werden.

Reinvest bzw. Autoinvest steht für automatisiertes Investieren. Deine „Gewinne" (Zins- und Tilgungsraten) werden automatisch mit der von Dir eingestellten Mindestinvestmentsumme reinvestiert und erzeugen dadurch einen Zinseszins-Effekt. Genau das und die einhergehende Zeitersparnis sollte das Ziel passiven Investierens sein! Du kannst Dir Kredite natürlich auch selbst heraussuchen. Das bedeutet aber viel aktive Arbeit und damit Zeit, die ich mir als fauler Hund lieber spare.

Finanzierungssumme: Nur, wenn der gesamte Betrag der Kreditanfrage eingesammelt werden kann (der Kredit also voll kapitalisiert wird), kommt die Kreditvergabe auch zustande. Auch deshalb liebe ich die Autoinvest-Funktion. Sonst müsste ich zu häufig zu viel Arbeitszeit in nicht zustande gekommene Kredite aufwenden und nach neuen Investitionsmöglichkeiten suchen.

Score/Rating/Bonität: Es gibt ein Rating für den Kreditnehmer, das von Finanzratingfirmen vorgenommen wird. Jeder Marktplatz nutzt hierfür allerdings unterschiedliche Agenturen. Anhand individueller Kennzahlen wird somit eine erste Bonitätsprüfung des Kreditnehmers durchgeführt. Das ist wichtig, um das Risiko der Investments einschätzen zu können.

Darlehensanbahner sind jene, die die Kredite ursprünglich vermittelt haben. Ein besserer Ausdruck wäre daher Darlehensanbieter. Sie verkaufen die Kredite anschließend über die Plattformen an Investoren weiter.

<u>Emittentenrisiko:</u> Damit ist das Risiko des Bankrotts der vielen P2P-Plattformen gemeint. Denn sollte der Betreiber der Plattform zahlungsunfähig werden, könnte auch Dein gesamtes Geld weg sein. Damit das nicht geschieht, ist das angelegte Geld bei den Betreiberplattformen häufig insolvenzrechtlich abgesichert. Ein Insolvenzverwalter bzw. sogenannter Liquidator kümmert sich dann um etwaige Probleme. Darüber hinaus ist Dein nicht investiertes Geld bis zur Einlagensicherung des jeweiligen Landes abgesichert. Eine 100 prozentige Garantie, dass Du Dein Geld im Fall der Fälle zurückbekommst, ist das aber nicht!

<u>Verzug:</u> Viele P2P-Anfänger schlagen spätestens dann zum ersten Mal die Hände über den Kopf zusammen, wenn sie erste Zahlungsverzüge von Kreditnehmern feststellen. Dabei ist das erstmal nicht weiter schlimm, da häufig mehrere Verzugsmonate auf einmal bezahlt werden. Außerdem bekommst Du für den Verzugszeitraum zusätzlich Verzugszinsen!

<u>Ausfall:</u> Das große Risiko bei P2P-Krediten besteht darin, dass Kreditnehmer ausfallen können. Deshalb ist es so wichtig, Dein Investment möglichst breit zu streuen!

<u>Liquidität:</u> Je nachdem, wie lange Du die Kreditlaufzeiten einstellst, in die Du zu investieren bereit bist, umso niedriger ist Deine Liquidität. Allerdings kannst Du Deine Investments ja stets auf dem Sekundärmarkt (in der Regel jedoch gegen Abschläge) verkaufen. Möchtest Du also eine hohe Liquidität gewährleisten, solltest Du nur in Kredite investieren, die eine geringe (verbleibende) Darlehenszeit aufweisen.

<u>Parameter:</u> Es gibt mehrere Faktoren, die für Dich bzw. Dein Rendite-Risikoverhältnis bei der Privatkreditvergabe wichtig sind. Je nachdem wie Du sie wählst, hast Du entweder hohes Risiko mit hoher Rendite oder niedriges Risiko mit niedriger Rendite.

<u>LTV:</u> Der Loan to value ist Beleihungssatz (Beleihungswert) bzw. der Wert des Darlehens gegenüber der hinterlegten Sicherheit (z. B. ein Haus oder Auto). Die Berechnung ist einfach, hierfür muss lediglich die Darlehensgröße durch die Wertgröße geteilt werden. Je höher der Kredit, der aufgenommen wird, im Verhältnis zum Wert ist, desto risikoreicher ist das Investment!

<u>Portfoliowert</u> (angestrebt) sollte immer höher eingestellt werden, damit das Geld automatisch reinvestiert wird und nicht auf dem Konto liegen bleibt.

<u>Zinssatz:</u> Kann von Dir bei den meisten Plattformen individuell eingestellt werden. Klar ist: Je höher der von Dir eingestellte Zinssatz, umso höher das Ausfallrisiko und umgekehrt.

<u>Primärmarkt und Sekundärmarkt:</u> Am Sekundärmarkt kannst Du Kredite, die andere Leute verkaufen, kaufen. Auf dem Sekundärmarkt lassen sich häufig Kredite finden, die schon weiter im Mahnverfahren fortgeschritten sind, oder eben jene, die jemand loswerden will, weil er sein Investment liquidieren möchte. Du kannst dort aber auch Kredite von Dir mit Aufschlag oder Rabatt verkaufen. Es gibt Personen, die sich auf diese aktive Art der Investition spezialisiert haben und von astronomischen Renditen berichten. Schließlich lassen sich so unmittelbar Gewinne erzielen. Allerdings steigt damit nicht nur das Risiko, sondern auch das von Dir geforderte Zeitinvestment!

<u>Rückkaufgarantie:</u> Auf einigen Plattformen, z. B. Mintos und Twino, kannst Du in Kredite mit Rückkaufgarantie investieren. Das hat den Vorteil, dass die Plattform den Kredit, sollte ein gewisser Zahlungsverzug (z. B. ab 30 Tage) bei einem Deiner Kreditnehmer entstanden sein, von Dir zurückkauft. Für diesen Zeitraum bekommst Du sogar Zinsen und Verzugszinsen bezahlt.

<u>Renditeberechnungssysteme:</u> Jede Plattform führt eine eigene Berechnung der Renditen durch. Daher ist ein Vergleich häufig nur durch eigene Berechnungen möglich. Alles was Du dafür brauchst, sind folgende Daten: 1. Deine genauen Ein- und Auszahlungen auf Deinem Marktplatz mit Datum; 2. Deinen aktuellen Kontostand. Damit Du möglichst wenig Arbeit damit hast, habe ich eine einfache Excel-Tabelle entworfen, die Du kostenlos herunterladen kannst (Link: https://goo.gl/j3GBG3). Bedenke allerdings, dass die Berechnung des internen Zinssatzes (XIRR) erst nach einem Jahr wirklich aussagekräftig ist, also dann, wenn Du, Dein Kapital bereits einige Zeit für Dich hast arbeiten lassen. Ich komme derzeit auf eine Nettorendite, quer über alle drei Plattformen und Ausfälle bereits einkalkuliert, von beeindruckenden 12 Prozent.

Meine Tipps für cleveres P2P-Investing

1. Investiere nicht mehr als 5% Deines Vermögens auf einer einzigen Plattform. Du hast bei P2P-Plattformen nämlich meistens ein dreifaches Risiko. Plattformen, Darlehensanbahner und Kreditnehmer können ausfallen! Diversifiziere daher unbedingt über mehrere Plattformen, um das Plattform-Risiko zu reduzieren.

2. Halte Dich an das ungeschriebene Gesetz, nicht mehr als 1% Deines Portfoliowertes in ein einziges Projekt bzw. einen einzigen Kredit zu investieren. Diversifiziere Deine Kreditvergabe also, indem Du z. B. ein Prozent Deines Gesamtinvestments auf der Plattform pro Kredit investierst (mind. 5€). Dadurch gewährleistest Du eine möglichst breite Diversifikation. Noch kleinere Stückelungen senken zwar meist das Risiko, allerdings erhöht sich dann auch Dein Verwaltungsaufwand exponentiell. Außerdem wollen wir ja passives und nicht aktives Einkommen erzeugen. Dafür ist ein Diversifikationsgrad von einem Prozent absolut ausreichend! Du musst also nicht die maximale Diversifikation anstreben, indem Du den Mindestinvest ausreizt! Sammele allerdings auch hier Deine eigenen Erfahrungswerte.

3. Passe Deine gewählten Parameter regelmäßig an.

4. Steuern: Hole Dir vom Finanzamt die Bestätigung, dass Du Deine Steuern in Deutschland bezahlst, sonst musst Du sie im Ausland (z. B. Lettland) abführen, bekommst sie aber nicht mehr zurück! Das Formular kannst Du Dir beim Bundeszentralamt für Steuern herunterladen (https://goo.gl/8fhEKD). Fülle es aus, sende es bei Deinem Finanzamt ein und warte auf die Bestätigung.

5. Stelle eine größere Portfoliogröße ein, als Dein aktuell investierter Betrag, damit Du durch den Autoinvest auch auf den angestrebten Betrag kommst. Sonst hört dieser Mechanismus zu früh auf und reinvestiert womöglich nicht mehr!

6. Ich persönlich habe nur in die Plattformen investiert, die die Auto-invest-Funktion anbieten. Ich hab keine Lust darauf, aktiv zu investieren, sondern will ja passives Einkommen erzielen!

7. Mache Dir keinen Kopf, wenn Kredite ausfallen. Solange die Rendite im Durchschnitt stimmt, ist das völlig egal und ja auch normal! Auch hierzulande fallen Kreditnehmer aus und Restsummen müssen abgeschrieben werden. Denke daran, dass wir in erster Linie an den Zinsen interessiert sind. Wenn unser Investment also gering ist (kleiner Mindestinvest), dann können wir durch die Zinsen unser Investment bereits innerhalb eines Jahres zurückerhalten haben. Alles, was dann kommt, ist praktisch Bonus (+ Tilgung am Ende). Du lernst somit auch ein bisschen, wie das traditionelle Kreditgeschäft bei Banken funktioniert.

8. Wenn Du über einen Online-Auftritt oder Social-Media Kanäle verfügst, kannst Du Deine Rendite durch Affiliate-Links der jeweiligen Plattformen zusätzlich erhöhen. Ich nutze diesen Weg ebenfalls. Solltest Du Dich also über einen der nachfolgenden Links für eine P2P-Plattform eintragen, erhalte ich hierfür eine kleine Provision. Für Dich hat dies keinerlei Nachteile, für mich ist es jedoch eine zusätzliche Unterstützung.

4 besonders empfehlenswerte Plattformen:

Abschließend stelle ich Dir kurz vier Plattformen vor, die sich nach meinen Recherchen und eigenen Erfahrungen besonders hervorgetan haben. Sie sind seriös, bieten die Autoinvest-Funktion an und eine benutzerfreundliche Oberfläche. Da es in Europa bereits über 70 P2P-Plattformen gibt, ist der Punkt Seriosität für mich besonders wichtig, da sich hier nämlich leider auch schwarze Schafe tummeln.

Twino: Konto kostenlos. Individuelle Einstellungen möglich. Mindestinvest: 10€. Gebühren: 0%. Rückkaufgarantie: Ja. Mintos: Konto kostenlos. Individuelle Einstellungen möglich. Mindestinvest 10€. Keine Gebühren auf dem Primärmarkt, 1 Prozent Gebühren beim Verkauf auf dem Sekundärmarkt. Rückkaufgarantie: Ja. Über diesen Link erhältst Du 1% Deiner in den ersten 90 Tagen eingezahlten Summe als Bonus von Mintos und ich eine kleine Provision. Anmeldelink: http://c.trackmytarget.com/foiott.

Diese beiden Plattformen weisen eine Besonderheit auf. Die Kredite sind vorfinanziert, das heißt, sie laufen bereits. Du kaufst Dir dort also Anteile an den bereits vergebenen Krediten. Das heißt, dass Du sofort nach dem Investment Zinsen erhältst. Zu bedenken gilt, dass viele Kredite auf Mintos und Twino parallel angeboten werden. Dadurch könnte ein Klumpenrisiko entstehen, das ich aber bei den sehr kleinen von mir getätigten Einzelinvestments in Kauf nehme. Da die Kreditplattformen selbst immer einen Teil des Risikos halten (Eigenanteil ca. 5 Prozent), findet man hier kaum schlechte Kredite.

Bondora: Konto kostenlos. Am einfachsten für den Autoinvest-Modus. Mindestinvest: 5€. Keine Gebühren, lediglich von den Verzugszinsen wird eine Bearbeitungsgebühr abgezogen. Rückkaufgarantie: Nein. Anmeldelink: https://bondora.com/ref/BO6271571* (über diesen Link bekommst Du 5€ geschenkt und ich eine kleine Provision).

175

Auxmoney: Konto kostenlos. Mindestinvest 25€. Anlagebetreuung kostet 1% der Anlagesumme. Rückkaufgarantie: Nein. Anmeldelink: http://www.auxmoney.com/start/welcome.php?afid=10014587*

Beide Plattformen bieten das System der Vorfinanzierung nicht an. Das heißt, dass die Kreditvergabe nur zustande kommt, wenn der Kredit auch aufgefüllt wird. Das heißt, Du solltest hier, um den Arbeitsaufwand gering zu halten, nur in Kredite investieren, die bereits gut gefüllt sind. Dann kannst Du davon ausgehen, dass sie sich in der Restlaufzeit vollständig füllen und es zur Finanzierung kommt.

Mit diesen Informationen solltest Du nun in der Lage sein, die Chancen und Risiken dieser Investitionsmöglichkeit abzuwägen. Bei positiver Evaluierung solltest Du nicht damit zögern, ein Konto zu eröffnen, zu investieren und Dir damit in relativ kurzer Zeit einen weiteren passiven Einkommensstrom aufzubauen.

Investiere in Deine Bildung und Fähigkeiten!

„Zuerst wähle eine klare, eine realisierbare Idee – ein Ziel.
Als Zweites versehe dich mit den Mitteln, die zur Erreichung
dieses Zieles notwendig sind: Wissen, Geld, Rohstoffe und Metho-
den. Im dritten Schritt setze alle deine Mittel im Hinblick auf das
zu erreichende Ziel ein."
– Aristoteles

Du bist mittlerweile zu einem richtigen Finanzexperten herangewachsen. Das Knowhow, das Du Dir bis jetzt bereits angeeignet hast, übertrifft das der meisten Wirtschaftsstudenten deutlich (das weiß ich aus eigener Erfahrung).

Für mich besteht ein Lernprozess immer aus zwei Teilen. Zum einen müssen wir theoretische Kenntnis über den Ablauf und unser Ziel haben, zum anderen hilft alles theoretische Wissen der Welt nichts, wenn wir keine praktischen Fähigkeiten besitzen, diese auch umzusetzen. Während wir uns für das Verständnis der Theorie auf externe Quellen wie Bücher oder Videos verlassen (explizites Wissen), können wir uns praktische Fähigkeiten nur durch das Sammeln individueller Erfahrungen aneignen (implizites Wissen).

Die Kombination aus theoretischem und praktischem Lernen ist damit eine der wichtigsten Eigenschaften erfolgreicher Personen. Das habe ich auch im Rahmen meiner Recherchen für mein Buch *„ErfolgREICH werden"* herausgefunden. *„Wer es versteht zu Lesen, zu Lernen und das Gelernte praktisch anzuwenden, wird in seinem Leben garantiert erfolgreich werden"*. So könnte die destillierte Aussage der erfolgreichsten Menschen aller Zeiten lauten. Erfolgreiche Menschen investieren also mehr in sich selbst, als der Durchschnitt.

"Man sollte vor allem in sich selber investieren. Das ist die einzige
Investition, die sich tausendfach auszahlt".

Diese Aussage stammt von Warren Buffet, dem Aktien- und Investmentguru überhaupt. In sich selbst zu investieren bedeutet damit auch, sich der Idee des lebenslangen Lernens zu öffnen. Wer dazu bereit ist, wird immer Fortschritt und Wachstum erzeugen und damit Erfolg im Leben haben. Wir sollten also einen Teil unseres Geldes in uns selbst investieren, um uns beispielsweise zum Thema passives Einkommen (theoretisch und praktisch) weiterzubilden. Das können Bücher, Coachings, Ausbildungen, Fortbildungen, Seminare oder Konferenzen sein. Dieser „Reinvest" in uns selbst erzeugt eine Lernkurve, die mit dem exponentiellen Zinseszins-Effekt vergleichbar ist.

„In meine Zukunft zu investieren war das lohnendste Investment, das ich je gemacht habe", so Tucker Hughes. „Lest mindestens 30 Minuten pro Tag. Hört euch wichtige Podcasts an, während ihr unterwegs seid, und sucht nach Mentoren. Ihr müsst nicht nur ein Ass auf eurem Gebiet sein, sondern ein vielseitiges Genie, das über alle Themen sprechen kann — von Finanzen über Politik bis hin zu Sport. Werdet süchtig nach Wissen und setzt eure Anstrengungen zu lernen über alles andere."

Die kostengünstigste und nicht selten profitabelste bereichsübergreifende „Selbstinvestition" sind Bücher. Man wird kaum einen erfolgreichen Menschen finden, der nicht häufig und konsequent liest. Warren Buffet liest nach eigenen Aussagen mindestens 5 bis 6 Stunden täglich – und das im Alter von 86 Jahren!

Wer wundert sich da noch über seinen Erfolg?

Er selbst hat sich zu den größten Investorenlegenden aller Zeiten gemacht. Das ist nicht mehr als eine logische Konsequenz aus extrem großer Erfahrung und außerordentlichem Wissensschatz. Im englischen Sprachgebrauch existiert nicht ohne Grund der Spruch „Readers are Leaders." Plane Dir daher auf jeden Fall einen Lesezeitraum von mindestens 10 Minuten täglich ein. Das ist wirklich nicht viel. Doch aus 10 Minuten wird durchschnittlich ein Buch pro Monat und 12 Bücher pro Jahr. Das entspricht dem 5-Jahresdurchschnitt der westeuropäischen Bevölkerung! Mit einer Lesezeit von einer halben Stunde täglich würdest Du also in einem Jahr ungefähr genauso viel lesen, wie andere Menschen in 15 Jahren!

Wer sein Ziel noch schneller erreichen möchte, kann sich sogar das Ziel setzen, ein Buch pro Tag zu lesen. Mit etwas Übung und gewissen Schnelllesetechniken ist das in 2 Stunden pro Buch machbar. Wenn wir uns nun vorstellen, dass jedes Buch immer mindestens einen Aspekt beinhaltet, der unsere Entwicklung beschleunigt, eignen wir uns Monat für Monat etwa 30 neue, erkenntnisreiche Facetten an. Und jede Einzelne erzeugt in uns Wachstum und Fortschritt – die beiden fundamentalen Erfolgsbeschleuniger.

Nahezu alle erfolgreichen Menschen bestätigen überdies, dass sie Lehrer bzw. Mentoren hatten, die deutlich besser waren als sie selbst. Sie waren die Fixpunkte und Motivationshilfen einer konstanten Weiterentwicklung. Ihre „Schüler" konnten von jemand besserem lernen und sich zugleich immer wieder mit ihnen – bewusst oder unbewusst – versuchen zu messen.

Zahlreiche Untersuchungen haben gezeigt, dass sich unser Einkommen über den Durchschnitt unserer 5 besten Freunde errechnen lässt. Auch unser persönlicher oder beruflicher Erfolg verhält sich äquivalent dazu. Je erfolgreicher unsere besten Freunde sind, umso erfolgreicher sind auch wir und umgekehrt! Wir lernen also von und kopieren jene Menschen, mit denen wir uns am meisten umgeben. Wenn Du Dich in einem wettbewerbsorientierten Umfeld bewegst, das idealerweise besser ist als Du, lernst Du am schnellsten. Dafür sorgt die Situation von ganz allein. Dein Umfeld spornt Dich dazu an, Deine Leistungen und Fähigkeiten zu verbessern.

Ich hoffe, dieses kurze Kapitel konnte Dir klar machen, wie wichtig es auch für den Aufbau passiver Einkommensströme ist, Dich konstant weiterzubilden. Sowohl theoretisch als auch praktisch. Je größer Dein Wissen in diesem Bereich wird, umso einfacher wird es Dir fallen, immer mehr passives Einkommen zu generieren. Das Hauptaugenmerk sollte allerdings auf der praktischen Weiterentwicklung liegen. Ich bin ein großer Fan von „learning by doing". Nur so sammeln wir wirklich praktische Erfahrungen, die uns in Fleisch und Blut übergehen.

Beschäftige Dich also so viel es geht aktiv und praktisch mit dem Auf- und Ausbau passiver Einkommensströme und Deine Wartezeit bis zur finanziellen Freiheit wird sich dramatisch verkürzen!

Passives Einkommen aus Vermietungen

*„Wenn man selbstbewusst in Richtung seiner Träume geht und
sich bemüht das Leben zu führen, das man möchte, wird man in
alltäglichen Situationen unerwarteten Erfolg haben."*
– Henry David Thoreau

Bislang haben wir eine weitere Form passiver Einkommensquellen völlig außer Acht gelassen. Neben den bereits vorgestellten passiven Einkommensmöglichkeiten gibt es für mich noch eine dritte Säule, die einen „sowohl als auch Fall" darstellt. Vermieter generieren ihre Einkommens nämlich ebenfalls überwiegend passiv. Ich finde diese Form passiver Einkünfte spannend, weil sie sowohl online und offline, als auch Zeitinvestment und Kapitalinvestment miteinander kombiniert. Allerdings habe ich in diesem Bereich bislang noch relativ wenige Erfahrungen sammeln können. Daher habe ich intensive Recherchen angesetzt und stelle sie in diesem Kapitel in aller gebotenen Kürze vor. Es sei ebenfalls gesagt, dass bei allen Vermietungen stets ein gewisser aktiver Arbeitsanteil von Dir gefordert ist. Es ist im engeren Sinne des Wortes also nicht ausschließlich passives Einkommen. Für mich gehört es daher in die Zwitterkategorie „aktives passives Einkommen". Allerdings können wir auch hier durch entsprechende Automatisierung versuchen, unseren aktiven Arbeitsaufwand so weit wie möglich zu reduzieren. Abschließend werden wir uns dem großen Buddha annehmen. Seine Investitionsempfehlungen sind zeitlos und ich persönlich lebe finanziell sehr erfolgreich, seitdem ich sie befolge.

Vermietung von Gebrauchsgegenständen

Die Vermietung von Gebrauchsgegenständen, die man ohnehin besitzt, kann eine tolle, ergänzende passive Einkommensquelle sein. Schließlich hat man das Geld bereits ausgegeben. Der Kauf wird somit umso günstiger, je häufiger der Gegenstand benutzt wird. Autos zeigen das besonders gut. Wenn Du ein Auto für 25.000 Euro kaufst und damit 10 Jahre täglich zur Arbeit fährst - und sonst mit dem Zug hättest fahren müssen – ist das sicherlich ein lohnendes Investment gewesen. Was ich damit eigentlich sagen möchte, ist, dass der Wert eines Gebrauchsgegenstandes vor allem zu Beginn, direkt nach dem Kauf, die größten Einbußen verzeichnet. Würdest Du statt einem Neuwagen einen gebrauchten PKW für nur 5.000 Euro erwerben, sähe das Geschäft noch rosiger aus (das setzt natürlich voraus, dass das Auto noch weitere 10 Jahre durchhält). Während Dein Neuwagen in 10 Jahren etwa 20.000 Euro weniger wert ist, wird Dein Gebrauchtwagen nicht mehr als 3.000 Euro Wertverlust verzeichnen. Hättest Du nun 10 Jahre tagtäglich Kollegen (gegen ein kleines Entgelt) mit zur Arbeit genommen, hättest Du den vermutlich nicht nur den Wertverlust des Autos ausgeglichen, sondern Dir mit dem Obolus den Reifenwechsel, Steuern und die KFZ-Versicherung finanziert.

Ich möchte darauf hinaus, dass der Wert eines Gebrauchsgegenstandes im übertragenen Sinne mit der Häufigkeit der Benutzung zunimmt. Wenngleich diese Darstellung ökonomisch nicht ganz lupenrein sein mag, verdeutlicht sie doch meinen Punkt. Dieser Mechanismus eignet sich nämlich auch zum Aufbau passiver Einkommensströme! Neben einem finanziellen Gewinn bietet diese Art des Geldverdienens die Chance neue, interessante Menschen kennenzulernen, möglicherweise Geschäftskontakte zu knüpfen und nicht zuletzt für umweltbewusstes Konsumieren einzustehen, indem man dem Konsum- bzw. Neukaufwahn etwas entgegenwirkt. Ich muss allerdings auch dazusagen, dass ich nicht alle der vorgestellten Methoden selbst nutze und deshalb auch keine persönlichen strategischen Einschätzungen dazu geben kann.

(Nicht ganz) alltägliche Gebrauchsgegenstände zu vermieten ist jedoch ein einfacher Ansatz, einen zusätzlichen passiven Einkommensstrom zu aktivieren. Dazu zählen unter anderem: Bücher, Heim- und Gartenutensilien, Werkzeuge, Filme bzw. Fernsehzubehör, Fotoapparate, Audio- und Videoendgeräte, Computer- und Konsolenspiele, Brettspiele, Party- und Eventzubehör, Elektronik, Sport- und Outdoorgeräte, Transport- und Umzugshilfen, Kostüme und Kleider sowie Kinder- und Babygegenstände. Diese Gegenstände können auf einer der folgenden Plattformen vermietet werden.

Plattformen:
- Leihdirwas → Kosten: 15% der Leih- bzw. Mietgebühr. Besonderheit: Du kannst einen Teil Deiner Einnahmen für wohltätige Zwecke spenden. Link: http://www.leihdirwas.de/
- Erento → Kosten: 15% der Leih- bzw. Mietgebühr. Du kannst hier nur gewerblich vermieten (Gewerbeanmeldung notwendig). Link: https://www.erento.com/.
- Mietmeile → Kosten: Festkostentabelle (z. B. 1 Inserat 4,90€ / 1 Monat). Du kannst hier sowohl gewerblich als auch privat vermieten. Link: https://www.mietmeile.de/vermieten

Ablauf:

0. Gewerbe anmelden falls notwendig (z. B. bei Erento).

1. Profil erstellen (richtiger Name + Profilbild).

2. Ein verifiziertes Kundenkonto steigert Deine Glaubwürdigkeit.

3. Verleihgegenstand fotografieren.

4. Lade das Foto hoch und positioniere den Artikel in der richtigen Kategorie.

5. Erstelle eine kurze, seriöse Beschreibung des Artikels.

6. Lege den Preis sowie unter Umständen eine Kaution fest (bei teureren Artikeln).

7. Lege die Mietzeiträume fest.

8. Warte auf erste Anfragen.

9. Kommuniziere Kunden den Ablauf klar und deutlich, um den Verwaltungsaufwand so gering wie möglich zu halten.

10. Kassiere und bedenke, Deine Einnahmen in einer kleinen Buchhaltungstabelle zu dokumentieren (für die Steuererklärung).

Ich denke, dass Dir spontan so einige Gegenstände einfallen, die bei Dir Zuhause lediglich als Staubfänger fungieren, aber durchaus vermietet werden könnten. Alternativ kann dies natürlich auch der Start zu einer lukrativen (Neben-)Selbstständigkeit sein. Dieser Weg scheint mir, nach Evaluierung meiner Recherchen, finanziell deutlich aussichtsreicher. Denkbar wäre es zum Beispiel, (neben dem Job oder Studium) entsprechend beliebte und finanziell lukrative und am besten zeitlose Gegenstände (z. B. Hüpfburgen, Bohrmaschinen, Transporter, etc.) zu erwerben und zur Vermietung anzubieten.

Vermietung eines Autos

Kommen wir zu des Deutschen beliebtesten Gegenstand, dem Auto. Die Autovermietung ist heutzutage nicht mehr nur großen Unternehmen vorbehalten. Fast Jedermann kann seinen fahrbaren Untersatz auf einer der vielen Plattformen zur Miete anbieten. Diese Art der Vermietung ist auch als Carsharing bekannt. Der Markt erfährt in den letzten Jahren einen starken Zulauf. Deshalb haben sich bereits kommerzielle Carsharing-Anbieter darauf spezialisiert, indem sie ganze PKW-Pools unkompliziert und sicher per App vermieten (scouter, greenwheels, usw.). Viele PKWs stehen einen Großteil der Zeit ohnehin ungenutzt herum. Ein Auto will aber nicht nur gefahren werden, sondern produziert auch dann Kosten, wenn es gerade nicht genutzt wird. Den Zuverdienst durch die Vermietung kannst Du nutzen, um damit neben Steuer und Versicherung auch Reifenwechsel, Kundendienst, Reparaturen und das Benzin für den Urlaub zu finanzieren. Geld, für das Du kaum arbeiten musst und das Dir quasi auf Autopilot Deinen fahrbaren Untersatz bezahlt.

Nun höre ich schon die Zweifler, die die Hände über dem Kopf zusammenschlagen und jammern „Ja, aber was passiert denn, wenn jemand eine Schramme in mein Auto fährt? Dann bleibe ich doch bestimmt auf den Kosten sitzen!" Nein, bleibst Du nicht! Jede Carsharing-Plattform bietet bei der Anmietung automatisch mindestens einen Teilkaskoschutz. Außerdem muss der Mieter spätestens bei der Schlüsselübergabe einen (digitalen) Mietvertrag unterzeichnen. Rechtlich und versicherungstechnisch bist Du bei der Autovermietung über Carsharing-Plattformen also auf der sicheren Seite.

Plattformen:
- Drivy → Kosten: keine Registrierungs- oder Anmeldegebühr. Bei erfolgreicher Vermietung 30% Vermittlungshonorar. Die Anmietungen sind durch die Allianz versichert. Einfache Handhabung durch die drivy-App. Link: https://www.drivy.de/
- Tamyca → Kosten: keine Registrierungs- oder Anmeldegebühr. Bei erfolgreicher Vermietung 15% Vermittlungshonorar. Die Anmietungen sind durch die R&V versichert. Einfache Handhabung durch die tamyca-App. Link: https://www.tamyca.de/

Bedingungen:
Es gibt von Plattform zu Plattform gewisse Richtlinien, die vom Vermieter einzuhalten sind. Dazu zählen beispielsweise, dass der Vermieter im Besitz einer gültigen Fahrerlaubnis sein muss, der regelmäßige Standort des Fahrzeugs Deutschland ist, die Zulassung des Fahrzeugs als PKW in Deutschland vorgenommen wurde, das Fahrzeug verkehrssicher ist, usw. Außerdem wird häufig verlangt, dass Dein Auto nicht älter als 20 Jahre ist und bisher weniger als 200.000 Kilometer gefahren wurde. Informiere Dich also unbedingt vorab über die Bedingungen des jeweiligen Carsharing-Anbieters.

Ablauf:
1. Dein Auto listen: Beschreibe Dein Auto so detailliert wie möglich, lade Fotos hoch, lege einen konkurrenzfähigen Tagespreis fest und trage die Verfügbarkeitszeiträume ein.

2. Aktualisiere den Verfügbarkeits-Kalender regelmäßig.

3. Warte auf erste Mietanfragen, beantworte sie rasch und koordiniere die Details mit dem Mieter. Damit Du keine Zeit mit unpassenden Mietanfragen verlierst, kannst Du Mietbedingungen festlegen (z. B. Anmietungslänge mindestens 2 Tage; Fahrleistung: nicht mehr als 100km pro Tag, keine Last-Minute-Anfragen, etc.).

4. Das Auto vermieten: Überprüfe die Fahrtüchtigkeit Deines Autos und unterschreibe mit dem Mieter den Mietvertrag. Ein vorausgefüllter

Mietvertrag kann auf vielen Plattformen heruntergeladen oder direkt auf dem Smartphone unterschrieben werden. Du kannst Dein Auto auch mit „Drivy Open" ausstatten. Dann kannst Du die Anmietung auch von unterwegs durchführen und musst nicht länger vor Ort sein.

5. Kassiere und bedenke auch hier, Deine Einnahmen in einer kleinen Buchhaltungstabelle zu dokumentieren (für die Steuererklärung).

Das Vermietungshonorar legst Du grundsätzlich selbst fest. Man spricht von einem Durchschnittspreis von ca. 30 Euro pro Tag. Der Preis ist allerdings abhängig von der Anzahl der gefahrenen Kilometer, der Mietdauer, und der Marke bzw. dem Modell des Autos. Orientiere Dich bei der Preissetzung zu Beginn am besten an Deiner „Konkurrenz". Sobald Du erste positive Bewertungen hast, kannst Du Dich dann auch an etwas höheren Preisen versuchen.

Carsharing ist eine interessante, komplementäre passive Einkommensquelle. Sie macht Dich zwar nicht reich, aber Kleinvieh macht auch Mist. Und gerade zu Beginn sollten wir versuchen möglichst viel Einkommen zu generieren und dieses wiederum in andere passive Einkommensquellen reinvestieren. Nur so können wir den exponentiellen Zinseszins-Effekt beschleunigen. Sollte Dich diese passive Einkommensquelle näher interessieren, erhältst Du hierzu auf dem Carsharing-Blog (Link: https://www.carsharing-blog.de/) weitere Informationen. Für mich ist Carsharing aber nicht nur eine passive Einkommensquelle, sondern zugleich ein Beitrag für eine nachhaltigere Gesellschaft. Ich bin der festen Überzeugung, dass wir viel zu viele Dinge konsumieren bzw. anhäufen, die eigentlich gemeinschaftlich genutzt werden könnten. Ein Gartengerät wie z. B. einen Rasenmäher in einer nachbarschaftlichen Gemeinschaft zu nutzen, senkt nicht nur die Investitionskosten, sondern steigert auch den Wert des Gebrauchsgegenstandes, da er dementsprechend häufiger genutzt wird. Insofern schafft Carsharing eine Win-Win-Win Situation für Mieter, Vermieter und Natur. Grund genug damit erste Erfahrungen zu sammeln!

Passives Einkommen mit Immobilien

Immobilien gehören zu den ältesten passiven Einkommensquellen überhaupt. Ob mit Kauf und Verkauf, sprich der Spekulation mit der Preisentwicklung, oder der klassischen Vermietung von Häusern oder Wohnungen – passives Einkommen mit Immobilien zu erzeugen ist für viele der sicherste und sympathischste Weg. Dieses Buch kann und will es jedoch nicht leisten, ein Ratgeber für Immobilieninvestitionen zu sein. Dafür ist das Themenfeld zu groß und mein Erfahrungsschatz zu gering. Vor allen Dingen ist ein derartiges Vorhaben aber mit einer nicht geringen Kapitalinvestition verbunden. Mehrere Zehn- bis Hunderttausend Euro, über die Du (noch) wahrscheinlich genauso wenig verfügst, wie ich. Obwohl es in der Niedrigzinsphase durchaus eine Überlegung ist, einen Kredit für eine Immobilie aufzunehmen und diesen über die Mietzahlungen des Mieters über einen längeren Zeitraum abzahlen zu lassen, gibt es dabei eine ganze Reihe essentieller Faktoren zu beachten. Darüber hinaus bin ich aufgrund der Konstruktion des Geldsystems kein Fan davon, Schulden zu machen, da dies stets mit einer finanziellen Abhängigkeit einhergeht. Genau deshalb habe ich mich nach Alternativen umgesehen. Im Folgenden werde ich Dir daher drei interessante und profitable Möglichkeiten vorstellen, mit Immobilien passiv Geld zu verdienen auch ohne dafür Großgrundbesitzer sein zu müssen.

Private Zimmervermietung

Noch bis vor wenigen Monaten habe ich, um mir meinen Traum des Autorendaseins finanzieren zu können, als Rezeptionist in Nürnberg gearbeitet. Dort beobachtete ich, dass die Preise während der Messezeiten geradezu explodierten. Selbst in größeren Städten scheinen, für bestimmte Events, schlicht nicht genügend Übernachtungsmöglichkeiten zur Verfügung stehen. Das führt dazu, dass die private Zimmervermietung eine Renaissance erlebt. Während es vor einigen Jahren noch ausschließlich professionellen, gewerblichen Bed-and-Breakfast Anbietern vorbehalten war, Zimmer zu vermieten, machen heutzutage immer mehr Privatleute Konkurrenz. Diese Transformation geht überwiegend auf den Anbieter „Airbnb" zurück. Airbnb hat eine Plattform entwickelt, auf der Privatleute online oder über eine App Zimmer mieten und vermieten können. Das Unternehmen startete 2008 und heute werden bereits Unterkünfte in über 190 Ländern der Welt angeboten.

Fasziniert von den Preisexplosionen während der Messezeiten beobachtete ich ähnliche Preisentwicklungen auf der Plattform Airbnb und sofort musste ich an die Chance denken, dadurch zusätzliches passives Einkommen zu erzielen. Ein Ende dieser Entwicklung sehe ich nicht – ganz im Gegenteil! Steigende Immobilienkosten wollen finanziert und teils horrende Hotelpreise vermieden werden. Insbesondere in Städten kann Airbnb daher eine einträgliche passive Einkommensquelle sein. Es ist grundsätzlich kostenlos, Deine Unterkunft bei Airbnb zu inserieren. Airbnb verlangt sowohl von den Vermietern als auch den Mietern Gebühren. Während der Gastgeber mit einer Service-Gebühr von 3-5% der Gesamtsumme rechnen muss, müssen Kunden zusätzlich eine Service-Gebühr von 6-12% entrichten. Bei Entdeckungen verlangt die Plattform sogar Gebühren in Höhe von 20%. Der Betrag wird automatisch von der Auszahlung abgezogen bzw. Deinem Vermietungspreis aufgeschlagen.

189

Ablauf:

1. Unter Umständen musst Du ein Gewerbe anmelden.

2. Mache Dich mit der örtlichen Gesetzeslage vertraut.

3. Hole Dir als Mieter die Erlaubnis des Vermieters für die Untervermietung ein.

4. Melde Dich auf der Plattform an, erstelle ein Profil und verifiziere es.

5. Stelle Deine Wohnung online. Verfasse eine attraktive Beschreibung (am besten auch auf Englisch und Spanisch), schieße hochwertige Fotos und lege einen konkurrenzfähigen Preis fest.

6. Lege mithilfe der Kalendereinstellungen sowohl die Verfügbarkeit für die kommenden Monate als auch Deine Hausregeln fest.

7. Warte auf die ersten Anfragen.

8. Antworte den Interessenten so schnell wie möglich – und zwar allen!

9. Plane den Check-in, insbesondere die Schlüsselübergabe.

10. Bring' Deine Wohnung auf Vordermann: Stelle unbedingt Grundlegendes wie saubere Bettwäsche, Handtücher und Klopapier zur Verfügung.

11. Der Bezahlvorgang wird von Airbnb bereits vor der Anreise übernommen. Du kannst Dir das Geld dann per PayPal oder Banküberweisung auszahlen lassen.

12. Die sogenannte Gastgeber-Garantie schützt jeden Gastgeber, der ein Inserat aufgibt, vor versehentlicher Beschädigung in Höhe von 800.000€ – ohne zusätzliche Kosten. Außerdem schützt Dich die Versicherung zum Schutz von Gastgebern vor der Haftung, falls sich Gäste verletzen sollten oder Sachschäden verursachen.

Rechtliche und steuerliche Informationen

Einnahmen aus Vermietungen müssen in der Einkommenssteuererklärung angegeben werden. Ob darauf auch Steuern anfallen steht jedoch auf einem anderen Papier. Du musst hierzulande ja den Gewinn und nicht die Einnahmen versteuern. Du kannst also die Kosten für die Vermietung geltend machen und ansetzen. Darüber hinaus könntest Du darin auch Handwerker- oder Nebenkosten als Ausgaben ansetzen, solange sie etwas mit der Vermietung zu tun haben. Du musst diese Gewinne auch erst dann versteuern, wenn sie die Grundfreibeträge übersteigen.

So oder so ist es für das Finanzamt allerdings schwierig, Dir nachzuweisen, dass Du mit Gewinnabsichten vermietest. Schließlich könnte der Beweggrund ja auch ein völlig anderer sein. Du vermietest, weil Du gerne neue Leute kennenlernst, kulturelle Grenzen überschreiten willst oder aus anderen idealistischen Motiven. Gib die Einnahmen also auf alle Fälle an, ob Du sie jedoch mit der Gewinnabsicht oder Liebhaberei argumentierst, überlasse ich Dir. Übrigens kannst Du hier auch in Schwierigkeiten mit Deinen örtlichen Behörden geraten, weil Wohnraum nicht zweckentfremdet werden darf und auch privater Wohnraum nicht selten nicht gewerblich genutzt werden darf. Wende Dich hierfür also an Dein zuständiges Bezirksamt.

Ab 24.500€/Jahr musst Du darüber hinaus Gewerbesteuern bezahlen. Das wären 2.042 im Monat. Setze Dich bei diesen Entscheidungen allerdings unbedingt mit Deinem Steuerberater zusammen.

Falls Du nicht Eigentümer bist, solltest Du darauf achten, wie Dein Mietvertrag ausgestaltet ist. Hier ist darauf zu achten, dass Du tatsächlich untervermieten darfst. In der Regel brauchst Du hierfür die ausdrückliche Erlaubnis Deines Vermieters.

Setze Dich also mit Deinem Vermieter in Verbindung und frage, ob es ok ist, die Wohnung häufig für kürzere Zeiträume zu vermieten. Sonst hat der Vermieter das Recht, Dir zu kündigen! Ein denkbarer Weg wäre daher, dem Vermieter bereits proaktiv anzubieten, gegen eine höhere Miete Untervermietungen zuzulassen. Ein vorformuliertes Schreiben an Deinen Vermieter von der Webseite www.finanztip.de findest Du hier (https://goo.gl/gbYdmQ). In einigen Städten gibt es Gesetze, die die kurzzeitige Beherbergung zahlender Gäste einschränken. Diese Gesetze sind oft Teil des Bau- oder Verwaltungsgesetzbuches einer Stadt. In vielen Städten musst Du Dich anmelden, eine offizielle Erlaubnis einholen oder eine Lizenz erhalten, bevor Du Deine Unterkunft inserieren oder Gäste empfangen kannst. Bestimmte Arten der Kurzzeitvermietung könnten ganz verboten sein. Die Bezirksregierungen setzen diese Gesetze ganz unterschiedlich durch: Die Strafen können aus Geldbußen oder anderen Geltendmachungen bestehen.

Tipps:

1. Preissetzung: Analysiere dafür vorher die Preise Deiner Wettbewerber. Du kannst auch Kautionen hinterlegen lassen für den Fall der Fälle, allerdings brauchst Du das nicht, weil Versicherungsschäden bis 800.000€ über die Plattform abgedeckt sind. Biete daher gerade zu Beginn Kampfpreise an, um möglichst viele positive Bewertungen zu sammeln. Später kannst Du Deine Preise dann langsam anheben. Dein Endpreis sollte stets widerspiegeln, welche Leistung Du Deinen Gästen anbietest. Berücksichtige bei der Preiskalkulation auch die Faktoren Materialkosten, Vorbereitungszeit oder Lebensmittelkosten.

2. Sammle möglichst viele positive Bewertungen. Das funktioniert am besten über einen intensiven und zuvorkommenden Kontakt. Darüber hinaus kannst Du Deinen Gästen bei der Abreise noch eine kleine Aufmerksamkeit (z. B. typische Süßigkeit) in Kombination mit einem Flyer mit der Bitte um eine Bewertung mitgeben.

3. Mache professionelle Fotos. Dadurch gewinnst Du Seriosität. Du kannst auf der Airbnb-Webseite sogar den Besuch eines professionellen Fotografen beantragen – vollkommen kostenlos! In weniger als vier Wochen sollten die Bilder dann online sein. Das ist besonders empfehlenswert, da Airbnb diese Angebote höher in den Suchergebnissen platziert. Deine Wohnung sollte auf Deinen Bildern einen hervorragenden Eindruck machen. Sauberkeit und Helligkeit sollten selbstverständlich sein, und ein nettes Blumengesteck kann Wunder bewirken.

4. Mache Last-Minute Angebote und Preise für besondere Anlässe (z. B. günstigere Wochenpreise oder besonders hohe oder niedrige Wochenendpreise).

5. Verfasse die Beschreibung auch auf anderen Sprachen. Je mehr Sprachen Du beherrschst, umso beliebter wird Deine Unterkunft für ausländische Gäste.

6. Verlange keine Reinigungsgebühr, weil sie Deine Unterkunft nur unnötig verteuern.

7. Nimm' bereits vorher netten Kontakt mit Deinen Gästen auf.

8. Verfasse Deine Beschreibung mit Liebe und führe ganz explizit die Vorteile Deiner Unterkunft auf.

9. Halte die Antwortzeit niedrig. Davon ist nämlich auch Dein Ranking abhängig! Tu also alles dafür, dass Dich die Plattform von selbst auf die oberen Ränge katapultiert.

10. Gib gerade zu Beginn viel mehr, als Du monetär zurückerwartest und sichere Dir dadurch positive Bewertungen.

Dieses Konzept kann übrigens auch dafür dienen, nicht nur eine Wohnung, sondern gleich mehrere Wohnungen anzumieten und unterzuvermieten. Es ist aus meiner Sicht nicht ausgeschlossen, dass es demnächst sehr viel mehr Airbnb-Kleinunternehmer geben wird. Das ganze System ist übrigens besonders bei Urlaubsimmobilien attraktiv. Das ist auch mein Ziel. Ich möchte über 4-5 Ferienwohnungen verfügen, die ich auch untervermieten kann. Gerade im Ausland sind die gesetzlichen Bestimmungen hierzu auch deutlich weniger streng. Und die Nische, Angebote mit professionellen englischen, deutschen und spanischen Beschreibungen und Fotos zu kombinieren, ist bisher noch kaum genutzt.

Passives Einkommen mit Immobilienaktien (REITs)

REITs sind unsere Möglichkeit, passiv in Immobilien zu investieren und damit ein kleines Vermögen zu verdienen, ohne dafür gleich ein Vermögen besitzen zu müssen. Allgemein betrachtet profitieren wir hier von den Preissteigerungen am Immobilienmarkt. Immobilienaktien sind börsennotierte Unternehmen, die überwiegend in Immobilien investieren, diese erwerben, verwalten und auch wieder veräußern. In Deutschland dürfen REITs jedoch nicht in den Mietwohnungsbestand investieren, um weitere Mietpreissteigerungen zu vermeiden. Real Estate Investment Trusts, kurz REITs, sind davon eine Unterkategorie. REIT-Unternehmen sind in Deutschland immer Aktiengesellschaften und erzielen Gewinne aus Vermietung, Verpachtung sowie dem Verkauf von Immobilien und Grundstücken. REITs sind also eine interessante Alternative für den Kleinanleger, trotzdem passives Immobilen-Einkommen zu generieren. Die Auszahlungen können monatlich bis jährlich erfolgen. Aber weshalb sollten wir auch die Anlageklasse Immobilienaktien mit in unser passives Einkommensportfolio mit aufnehmen?

Vorteile von REITs:
1. Der Immobilienaktienindex FTSE EPRA/NAREIT entwickelte sich während der letzten Jahre ähnlich positiv wie der MSCI World Index. Dieser spiegelt dabei die Entwicklung des gesamten Aktienmarkts wider und ist damit ein hervorragender Referenzpunkt. Nun stellt sich aber berechtigterweise die Frage, warum Du, wenn Du auch beim MSCI World Index eine Rendite von 10 Prozent erzielen kannst, in Immobilienaktien investieren sollst?

2. REITs weisen eine sehr geringe Korrelation mit dem Aktiengesamtmarkt auf. Wie Du bereits weißt, heißt das, dass sich diese beiden Anlageklassen nicht im Gleichlauf entwickeln. Das wiederum ist für uns überaus positiv, weil wir dadurch von der Portfoliotheorie Markowitz' bzw. dem von ihm untersuchten Diversifikationseffekt profitieren

können. Du kannst mit REITs also das Risiko Deines Gesamtportfolios senken – und das bei gleicher Renditeerwartung.

3. Last but not least profitierst Du bei REITs von überdurchschnittlich hohen Ausschüttungsquoten. Diese Dividenden bescheren uns ein attraktives passives Einkommen. Dabei ist festgelegt, dass mindestens 90 Prozent der Gewinne an die Anteilseigner ausgeschüttet werden müssen (solange Gewinne erzielt werden). Du profitierst also von einem stetigen und gut planbaren Dividendenstrom. Man kann REIT-Aktien damit auch durchaus der Familie der Dividendenaktien zuordnen bzw. als Immobilienaktien-ETFs bezeichnen.

Mit REITs kannst Du die Anlageklasse „Immobilien" also wunderbar Deinem Gesamtportfolio beifügen, ohne dafür zu viel Kapital in einer selbst finanzierten Immobilie zu binden. Damit bist Du mit diesem Investment deutlich liquider. Außerdem diversifizierst Du Dein Portfolio nicht nur, sondern profitierst auch von hohen Ausschüttungsquoten. Es macht also durchaus Sinn, REITs unserem Gesamtportfolio beizumischen. Eine Beimischungsquote von ca. 5-10% ist hier allgemeiner Konsens. Damit Du gleich loslegen kannst, habe ich Dir im letzten Teil dieses Unterkapitels einige attraktive Immobilienaktien aus Deutschland und den USA sowie einen Immobilienindex (ETF) aufgeführt.

Empfehlenswerte REITs:
- Fair Value REIT-AG Aktie (Deutschland) → ISIN: DE000A0MW975.
- HAMBORNER REIT Aktie (Deutschland) → ISIN: DE0006013006.
- alstria office REIT-AG Aktie (Deutschland) → ISIN: DE000A0LD2U1.
- RX REIT ALL SHARE TR (ETF) → ISIN DE000A0MEN82.
- American Tower Aktie (USA) → ISIN: US03027X1000.
- Essex Property Trust Aktie (USA) → ISIN: US2971781057.
- Public Storage Aktie (USA) → ISIN: US74460D1090.

Immobilien-Crowdinvesting

Wir sind nun kurz davor, unsere Reise durch die Welt des passiven Einkommens zu beenden. Mittlerweile fühlst Du Dich hoffentlich schon wie ein richtiger Profi in diesem Geschäft. Dir wird auffallen, dass es alles andere als schwer ist, sich einen oder mehrere passive Einkommensströme aufzubauen. Vielmehr steht uns meistens eine falsche Einstellung gegenüber dem Geld und passivem Einkommen im Wege. Wir können aber nur dann finanziell erfolgreich werden, wenn wir die Zügel auch selbst in die Hand nehmen, gewisse Risiken eingehen und unser Glück wagen.

Die letzte Möglichkeit, passiv Geld mit Immobilieninvestitionen zu verdienen, habe ich in gewisser Hinsicht bereits im Kapitel „Crowdinvesting" behandelt. Nichtsdestotrotz möchte ich darauf noch einmal kurz zu sprechen kommen. Auf Bergfürst.com kannst Du nämlich schon ab einem Mindestinvestment von 10 Euro mit Immobilien passiv Geld verdienen. Der Vorteil hierbei ist, dass feste Zinsen zwischen 5 und 7% ausbezahlt werden und Du damit nicht mit schwankenden Renditen kalkulieren musst.

Darüber hinaus kannst Du Deine Beteiligungen auch hier, ähnlich einer Aktie, immer auch wieder zum Verkauf anbieten. Außerdem kannst Du mit vielen Investments Dein Risiko diversifizieren, ohne dabei auf Rendite verzichten zu müssen. Aus meiner Sicht ist diese Art des passiven Einkommens, gegenüber REITs, vorteilhaft, weil Du genau siehst, in welches Objekt Dein Geld fließt, mit wie viel Rendite Du rechnen kannst, wie lange die Laufzeit ist und zudem keine Transaktionskosten fällig werden.

Insofern kann auch Immobilien-Crowdinvesting eine wertvolle Quelle für passives Einkommen werden und sollte in Deinem „Gesamtportfolio der finanziellen Freiheit" nicht fehlen.

Bonus: Die Buddha-Investitionsregel

„Wozu ist Geld gut, wenn nicht, um die Welt zu verbessern?"
- Elizabeth Taylor

Du bist nun bis an die Haarspitzen mit praktikablen Tipps und Tricks ausgestattet Dir nicht nur eine, sondern gleich mehrere passive Einkommensquellen aufzubauen. Ich hoffe auch, dass sich im Laufe des Buches etwas an Deiner geistigen Einstellung zu diesem Thema getan hat. Das Ziel dieses Buches wäre damit eigentlich erreicht. Dennoch möchte ich Dich noch mit einer inspirierenden Regel bekannt machen, die auf den großen Buddha zurückgeht.

Es ist eine Strategie, die einfach durchzuführen ist, funktioniert und alle wichtigen Bereiche abdeckt. Ich habe diese Strategie in einem anderen Buch (Der Hamster verlässt das Rad) veröffentlicht und hier möchte ich sie Dir, als Bonuskapitel, an die Hand geben. Buddha äußerte sich nämlich bereits vor tausenden Jahren zum Thema „Geld". In seinen Beschreibungen wird deutlich, wie wichtig es ist, Geld in mehrere Posten aufzuteilen. Er hat dieses Thema in einer herausragenden und allumfassenden Sichtweise beleuchtet. Sie besitzt noch heute, Zweieinhalbtausend Jahre später, absolute Gültigkeit. In der sogenannten „Adhiya-Sutra" empfiehlt er ganz pragmatisch, die Einteilung des Einkommens in 4 Teile.

Der erste Teil des Einkommens ist für Dich gedacht

Bevor wir uns um Andere kümmern, müssen wir unseren Verpflichtungen nachkommen. Deshalb soll ein Teil Deines Einkommens aufgewendet werden, um Verbindlichkeiten zu bezahlen. Buddha zählt dazu auch den täglichen Konsum sowie Vergnügungen. Dieser Geldteil deckt somit sowohl Versicherungen, das Auto, die Miete, den Schuldendienst, den Einkauf von Lebensmitteln, als auch Urlaub, Besuche im Freizeitpark oder das allsamstägliche Shopping-Erlebnis ab.

Teil zwei dient als Polster

Das Bargeldpolster soll unvorhergesehene Ausgaben abfedern. Es dient als moderner Notgroschen. Damit stellst Du sicher, dass Dein laufendes Geschäft nicht wegen kleinerer oder größerer spontaner Ausgaben in die Bredouille gerät oder Du gar in existentielle Probleme rutschst. Dieses Polster ist wichtig, da es Dir eine finanzielle Sicherheit vermittelt, das ein wachsendes Freiheitsgefühl hervorruft. Es ist Geld, das Du besitzt und dem Du nicht mehr nachlaufen musst. Somit ist es das Mittel zur Freiheit und jenes, Dich aus der Knechtschaft zu lösen!

Es ist deshalb ratsam, einen Sicherheitsbetrag bereits am Monatsanfang auf ein Tagesgeldkonto zu transferieren. Das ist extrem wichtig, um zu lernen, Dich mit dem Rest zu arrangieren. Lasse dieses Polster so lange anwachsen, bis es drei Monatsgehälter beträgt.

Teil drei fließt in Dein Geschäft

Die Lehren Buddhas sind pragmatischer Natur. Das zeigt auch die Empfehlung für den dritten Teil Deines Einkommens. Darin geht es aus meiner Sicht um die finanzielle Freiheit.

Buddha rät uns, diesen Teil in das eigene Saatgut zu investieren.

Übertragen spricht er davon, einen Teil unseres Einkommens in (Weiter)Bildung, eine Selbstständigkeit und / oder in passives Einkommen zu reinvestieren. Diese Handlungsempfehlung entspricht damit dem Aufbau von Vermögen, zusätzlichem Wissen und weiteren Fähigkeiten. Ich habe diese Empfehlung genutzt, um diesen Posten zweizuteilen. Einen kleinen Teil lege ich zurück, um mir damit Seminar, Bücher und Kurse zu finanzieren. Damit erweitere ich meinen Wissensschatz und verbessere meine Fähigkeiten. Den Löwenanteil investiere ich in den Aufbau meines passiven Einkommens. Auch diese „Ausgabe" tätige ich bereits am Monatsanfang.

Spende Teil Vier

Das universale Gesetz der Reziprozität besagt - *„gib und Dir wird gegeben!"* Um Anderen zu helfen schlägt Buddha vor, den vierten Teil des Einkommens zu spenden. Dabei bleibt es Dir selbst überlassen, wen oder welche Organisation Du unterstützen willst. Diese Geldsumme setzt Du also wirklich sinnvoll ein. Du hilfst damit jenen, die im Gegensatz zu Dir, von Kindesbeinen an schlechte Voraussetzungen vorfinden. Ihre Vorbedingungen, sich einfach selbst zu befreien, sind sehr viel heikler, als es unsere jemals sein könnten. Deshalb spende ich per Dauerauftrag Monat für Monat einen festen Betrag. Auch diese „Ausgabe" tätige ich bereits am Monatsanfang.

Klingt diese Strategie für Dich attraktiv genug, um Dich Buddhas Empfehlungen anzuschließen? Wenn ja, dann wirst Du Dich jetzt sicherlich fragen:

„Zu welchen Teilen soll ich den kleinen oder großen monatlichen Geldkuchen denn aufteilen?"

Genau dazu hat Buddha - ich denke ganz bewusst - keine Angaben gemacht. Es liegt ganz und gar in Deinem eigenen Ermessen. Du musst diese Entscheidung anhand Deiner Möglichkeiten und Präferenzen selbst treffen! Hast Du allerdings einmal eine gewisse Aufteilung festgelegt, ist es ratsam, diese beizubehalten. Damit schaffst Du Dir eine monatliche Routine und führst in jeder Hinsicht ein diszipliniertes, vernünftiges und ausgeglichenes Haushaltsbudget. Darüber hinaus hilfst Du selbst mit wenigen Euro im Monat anderen Menschen und gibst etwas von Deinem finanziellen Überfluss zurück.

Die 8 größten Fehler, die Du unbedingt vermeiden solltest

„Der Besitz macht uns nicht halb so glücklich,
wie uns der Verlust unglücklich macht."
- Chinesische Weisheit

Ich bin während der Recherchen für dieses Buch auch immer wieder über Fehler beim Aufbau passiven Einkommens gestoßen, die gerade von Anfängern gemacht werden. Damit Du nicht in dasselbe Fettnäpfchen trittst, lies diese Liste aufmerksam durch. Auch ich entdecke darin immer wieder Fehler, die ich unterbewusst noch immer gerne begehe.

1. Du setzt zu sehr auf passives Einkommen

Achte darauf, dass Du nicht alles auf eine Karte setzt und Dich nur noch auf passives Einkommen versteifst. Je mehr aktives Einkommen Du erwirtschaftest, umso mehr Geld kannst Du schließlich auch in Deine passiven Einkommensströme investieren. Versuche also parallel auch Dein aktives Einkommen zu erhöhen. Nur dann hast Du das Verhältnis von aktiv und passiv auch richtig verstanden: Du musst nämlich aktiv sein, in den Dingen, die Dir Geld bringen. Dieses Kapital gilt es dann in passive Einkommensströme zu reinvestieren. Diese Investments solltest Du dann aber sich selbst überlassen. Dann profitierst Du maximal von passivem Wachstum und dem Zinseszins-Effekt.

2. Du tust nichts und fängst einfach nicht an

Es ist immer noch besser, etwas Geld zu verlieren, als gar nichts zu tun. Passives Einkommen hat nichts damit zu tun, dafür nicht arbeiten zu müssen. Bitte falle nicht auf dieses Missverständnis herein! Und beginne noch heute damit, aktiv zu werden. Mir hat es sehr geholfen, eine tägliche Routine aufzubauen und wenigstens 5 Minuten täglich in meine passiven Einkommensquellen zu investieren. Du weißt nicht, wo Du anfangen sollst? Den einzigen Ratschlag, den ich Dir geben kann, ist einfach anzufangen. Der Weg entsteht beim Gehen! Spätestens seitdem Du den Zinseszins-Effekt verstanden hast, sollte Dir klar sein, dass das Schlechteste, was Du tun kannst, ist, zu spät anzufangen.

3. Du bist zu reaktiv, statt proaktiv

Obwohl uns die Digitalisierung vieles vereinfacht, provoziert sie zugleich ein großes Problem: Lethargie und Reaktivität. Wirklich einkommensproduzierende Tätigkeiten sind niemals reaktiv, sondern immer proaktiv. Versuche daher, Deine reaktiven Tätigkeiten zu minimieren und mit proaktiven Tätigkeiten zu ersetzen. Statt Email, Facebook oder Instagram zu checken, zu telefonieren oder WhatsApp zu schreiben kannst Du Investieren, Vermögen aufbauen, Schreiben, Lesen oder neue Businessideen ausprobieren.

4. Du lebst über Deinen Verhältnissen

Um finanziell frei zu werden, spielen Deine Ausgaben eine genauso große Rolle wie Deine Einnahmen. Wenn Du Dir also sukzessive mehr passives Einkommen aufbaust, aber trotzdem finanziell abhängig bleibst, lebst Du über Deine Verhältnisse. Damit es gar nicht erst soweit kommt, solltest Du auch Deine Ausgaben unter die Lupe nehmen. Es gibt unzählige Möglichkeiten, weniger Geld auszugeben und damit eine Instant-Rendite zu erzielen. Wenn Du wissen willst, wie, wirf einen Blick in meinen Spar-Ratgeber „Geld sparen und clever reich werden". Ich finde ohnehin, dass Minimalismus die beste Strategie zur finanziellen Freiheit ist.

5. Du hast Dein passives Einkommen nicht diversifiziert

Ein Fehler, den ich besonders häufig sehe, ist, alles auf eine Karte zu setzen. Je mehr Eier Du in einen einzigen Korb legst, umso schlimmer ist es, wenn Dir der Korb herunterfällt. Diversifiziere Deine passiven Einkommensströme daher von Anfang an. Diversifiziere zwischen online und offline sowie innerhalb Deiner Investitionen und Du wirst langfristig sehr, sehr sicher Vermögen aufbauen und sich stetig vergrößernde passive Einkommensströme generieren.

6. Du schaust ständig auf Deinen Kontostand

Ich weiß, gerade am Anfang ist es faszinierend, wenn die ersten Cents und Euros vollkommen passiv auf Dein Bankkonto gebucht werden. Da kann es schnell passieren, dass man mehrmals am Tag nachsieht, wie sich die Dinge entwickeln. Das ist jedoch nicht nur eine reaktive Tätigkeit, sondern kann bei schlechten Entwicklungen auch demotivieren. Außerdem beschäftigst Du Dich dabei ja wieder aktiv mit Deinem passiven Einkommen. Damit nimmst Du Dir ja genau die Freiheit, die Du Dir dabei bist, aufzubauen! Überlasse Deine Investments also sich selbst und schaue nicht mehr als einmal monatlich auf die Wertentwicklung.

7. Du hast zu hohe Erwartungen

Ein Investment braucht Zeit, um zu wachsen! Viele Menschen, die passiv Geld verdienen wollen, sind vor allem durch finanzielle Schwierigkeiten motiviert. Das kann jedoch problematisch werden, weil Du sowohl auf Liquidität angewiesen bist, als auch zeitliche Ausdauer haben musst. Du musst beim Aufbau passiven Einkommens zuerst aktiv werden und Dein ganzes Wissen hineinstecken. Anschließend musst Du beim Investment selbst aber die Position des passiven langfristigen Investors einnehmen. Erwarte also nicht bereits morgen erste Gewinne, sondern schaufle - als Entrepreneur für passives Einkommen – stetig und konstant an Deinen Quellen. Auf lange Sicht werden sich Deine Mühen aufsummieren und zu reißenden Einkommensflüssen werden.

8. Du verfolgst keine Strategie und reinvestierst nicht

Ich habe mich immer wieder gefragt, wie man möglichst schnell und effektiv zu einem „Entrepreneur für passives Einkommen" werden kann. Schließlich starten die meisten von uns mit niedrigem Kapital. Das wichtigste Gut ist und bleibt unsere Zeit. Genau davon müssen wir zu Beginn umso mehr investieren, je größer unsere Einkommensquellen werden sollen. Aus meiner Sicht ist es daher zu Beginn am Besten, viel Zeit in passive Einkommensströme im Onlinebereich zu investieren. Das hilft Deiner Motivation und stärkt Dein Selbstvertrauen. Hierfür eignen sich Vermietungen besonders gut, aber auch Affiliate-

Marketing und Email-Marketing kann unmittelbar passive Einkommensströme erzeugen. Meine Einnahmen, ob aus passiven oder aktiven Einkommen, reinvestiere ich zum einen wieder in passive Einkommen im Onlinebereich, den Löwenanteil wende ich jedoch jeden Monat für Kapitalinvestitionen auf. Schließlich versprechen diese die höchsten Renditen über die Zeit bei minimalem Zeitinvestment. Einkommen in passive Einkommensströme zu reinvestieren ist enorm wichtig, wenn Du die Wartezeit zur finanziellen Freiheit exponentiell verringern willst. Das sollte also unbedingt zu Deiner Maxime werden!

Fazit

„Große Sprünge brauchen einen langen Anlauf."
- Anonym

Ein Buch zu schreiben ist für mich jedes Mal eine neue, einzigartige Erfahrung. Ich könnte mir vorstellen, dass es der Erfahrung einer Geburt ähnelt. Egal, wie intensiv man sich vorher theoretisch mit dem Thema beschäftigt, die Realität der praktischen Erfahrung ist etwas völlig anderes. Die meisten meiner bisherigen Bücher fußen ausschließlich auf persönlichen Erlebnissen. Im Rahmen dessen, Theorie und Praxis zu vereinen, ist für mich die größte Herausforderung und macht einen wirklich guten Ratgeber aus. Danach strebe ich. Der Mythos, der Aufbau passiver Einkommensströme sei schwer, sollte nun ein großes Stück weit zerstört sein. Der Digitalisierung sei Dank hat heute wirklich Jeder die Chance, ein attraktives zweites Einkommen zu generieren – und das auch ohne Vorkenntnisse, lange Recherche oder großes Zeitinvestment.

Ich hoffe sehr, dass auch Du Dich nun fit fühlst, Dein finanzielles Leben in die Hand zu nehmen und mithilfe der vorgestellten Strategien ein zeitlich und finanziell unabhängigeres Leben führen zu können.

Das Tolle ist, dass Du mit dem Aufbau Deiner passiven Einkommensströme neben Deinem Hauptberuf, dem Studium oder der Ausbildung beginnen kannst. Mit zunehmender Zeitdauer wirst Du Dich in die Lage versetzen, Dein Zeitinvestment zu reduzieren und Deinen Einnahmenstrom trotzdem zu vergrößern. Dann nutzt Du das volle Potential dieser spannenden Verdienstmethode aus. Außerdem beginnst Du aktiv damit, für Deine Zukunft vorzusorgen. Aus meiner Sicht ist die Rente nämlich alles andere als sicher.

Solltest Du es also bisher noch nicht getan haben, werde jetzt aktiv. Selbst wenn Du Fehler begehst, und das wird gerade zu Beginn passieren, lernst und wächst Du und sammelst wertvolle praktische Erfahrungen. Das ist das Einzige, was im Leben wirklich zählt.

Als kleine Zusatzmotivation habe ich für alle Leser dieses Buches eine geschlossene Facebook-Gruppe eingerichtet. Dort kannst Du Dich mit anderen Gruppenmitgliedern austauschen, ihr könnt Euch gegenseitig helfen und unterstützen. Du findest Sie, wenn Du im Suchfeld *Nine-to-five muss nicht sein! das Buch* eingibst.

Ich wünsche Dir allen erdenklichen Erfolg auf Deinem Weg in die finanzielle Freiheit
Chris

„Erfolg hat drei Buchstaben. TUN.“
- Johann Wolfgang von Goethe

Interesse an unserem gratis Kurs zu passivem Einkommen?
Du bevorzugst spezielle Kurse zu den Themen Aktien und ETFs?
Hier entlang: https://elopage.com/s/chrisundjens

Über den Autor

Christopher Klein wurde 1987 in Landau an der Isar in Bayern geboren. Während seines Studiums der Volks- und Betriebswirtschafts-lehre verfasste er, im Alter von 26 Jahren, seine ersten beiden Bestseller „Tag auf Tag im Hamsterrad" sowie „Der Hamster verlässt das Rad". Sein jüngstes Buch „Geld sparen und clever reich werden" aus dem Jahre 2016 erreichte ebenfalls Bestsellerstatus. Der Autor, immer offen für Feedback und Rückfragen, kann über die E-Mail-Adresse *chris@indie-bücher.de* erreicht werden.

Die Bücher von Christopher Klein sind erhältlich auf:
https://www.amazon.de/-/e/B00LPWD4VY*

Empfehlenswerte Literatur anderer Autoren

Abschließend möchte ich Dir noch einige Klassiker der praktischen Finanzliteratur vorstellen. Wer viel liest, lernt und eignet sich das notwendige Hintergrundwissen an, um zielgerichtet handeln zu können. „Readers are leaders!" Für mich ist jedes Buch kostbar, weil jedes Buch wenigstens einen neuen und wichtigen Aspekt aufzeigt.

Rich Dad Poor Dad (Robert Kiyosaki)
Denke nach und werde reich (Napoleon Hill)
Der reichste Mann von Babylon (George Clason)
Die 4-Stunden Woche (Timothy Ferriss)
Reich werden und bleiben (Rainer Zitelmann)
Der Weg zur finanziellen Freiheit (Bodo Schäfer)
Wie man Freunde gewinnt (Dale Carnegie)
Die Kunst, über Geld nachzudenken (André Kostolany)
Souverän investieren mit Indexfonds und ETFs (Gerd Kommer)
The Big Five for Life (John Strelecky)
Der entspannte Weg zum Reichtum (Susan Leverman)
Money (Tony Robbins)
Cashkurs (Dirk Müller)
Das 4-Stunden Start-up (Felix Plötz)
Das 1x1 des Immobilien-Millionärs (Dr. Florian Roski)
Der Go-Giver (Bob Burgh)

Danksagung

Wenn ein Buch erscheint, steht fast immer der Autor im Mittelpunkt. Tolles Feedback und Leserzuschriften landen ausschließlich in meinem Postfach, obwohl viele andere Personen entscheidend an der Entstehung mitgewirkt haben. Ob als Ideengeber, Lektoren, Testleser oder Designer, ein Buch wäre ohne diese Menschen eine doppelte Herkulesaufgabe. Das war auch dieses Mal der Fall. Ohne die Hilfe meiner Eltern, die geduldig lektoriert und korrekturgelesen haben, wäre dieses Buch nicht halb so vollkommen. Nicht oft genug bedanken kann ich mich für ihr Vertrauen in mich, meine Fähigkeiten und darin, meinen ganz eigenen Weg zu gehen. Wieder und wieder, Danke! Meine Freundin, Luisa, hat eine einzigartige Gabe. Sie ermuntert mich immer wieder, weiterzumachen, wenn ich am liebsten das Handtuch werfen würde. Ohne die inspirierenden Ideen und tollen Tipps von Basti hätte ich das Kapitel über P2P-Investments in seiner Praxistauglichkeit nur bedingt zustande gebracht. Andi, Basti und Matthias verdienen ein Lob als treue Testleser und Lektoren. Jens, Co-Autor bei einigen vorherigen Titeln, war ebenfalls wertvoller Ideengeber und besonders beim Buchlaunch eine große Unterstützung. Stefan ist der beste Designer, den man sich wünschen kann. Er wartet stets mit innovativen Ideen auf und überrascht mich mit seinen sensationellen Coverdesigns doch immer wieder. Vielen Dank für Eure treue Unterstützung!

Haftungsausschluss und Angaben nach §34b WpHG

Die Benutzung dieses Buches und die Umsetzung der darin enthaltenen Informationen erfolgt ausdrücklich auf eigenes Risiko. Dieses Buch kann eine Anleitung für mögliche Erfolgsstrategien sein, ist jedoch keine Garantie für Erfolge und basiert ausschließlich auf der persönlichen Meinung des Autors. Der Autor und der Herausgeber übernehmen daher keine Verantwortung für das Nicht-Erreichen der im Buch beschriebenen Ziele. Haftungsansprüche gegen den Verlag und den Autor für Schäden materieller oder ideeller Art, die durch die Nutzung oder Nichtnutzung der Informationen bzw. durch die Nutzung fehlerhafter und/oder unvollständiger Informationen verursacht wurden, sind grundsätzlich ausgeschlossen. Rechts- und Schadenersatzansprüche sind daher ausgeschlossen. Das Werk inklusive aller Inhalte wurde unter größter Sorgfalt erarbeitet. Der Verlag und der Autor übernehmen jedoch keine Gewähr für die Aktualität, Korrektheit, Vollständigkeit und Qualität der bereitgestellten Informationen. Druckfehler und Falschinformationen können nicht vollständig ausgeschlossen werden. Der Verlag und auch der Autor übernehmen keine Haftung für die Aktualität, Richtigkeit und Vollständigkeit der Inhalte des Buches, ebenso nicht für Druckfehler. Es kann keine juristische Verantwortung sowie Haftung in irgendeiner Form für fehlerhafte Angaben und daraus entstandenen Folgen vom Verlag bzw. Autor übernommen werden. Für die Inhalte von den in diesem Buch abgedruckten Internetseiten sind ausschließlich die Betreiber der jeweiligen Internetseiten verantwortlich. Der Verlag und der Autor haben keinen Einfluss auf Gestaltung und Inhalte fremder Internetseiten. Verlag und Autor distanzieren sich daher von allen fremden Inhalten. Zum Zeitpunkt der Verwendung waren keinerlei illegalen Inhalte auf den Webseiten vorhanden. Gehandelte Aktien, ETFs, P2P-Kredite und Fonds sind immer mit Risiken behaftet. Alle Texte sowie die Hinweise und Informationen stellen keine Anlageberatung oder Empfehlung dar. Sie wurden nach bestem Wissen und Gewissen aus öffentlich zugänglichen Quellen übernommen. Alle zur Verfügung gestellten Informationen (alle Gedanken, Prognosen, Kommentare, Hinweise, Ratschläge etc.) dienen allein der Bildung und der privaten Unterhaltung. Eine Haftung für die Richtigkeit kann in jedem Einzelfall trotzdem nicht übernommen werden. Sollten die Besucher dieser Seite sich die angebotenen Inhalte zu eigen machen oder etwaigen Ratschlägen folgen, so handeln sie eigenverantwortlich.

* = Affiliate Link

Dir entstehen durch einen Klick weder Nachteile noch irgendwelche Kosten. Wenn Du Dich für ein Produkt entscheidest, zahlst Du den gleichen Preis wie ohne Klick auf den Link. Für mich ist es jedoch wertvoll, weil Du damit meine Arbeit – in Form einer kleinen Provision – unterstützt. Natürlich erst dann, wenn Du Dich nach einem Klick mit einem Kauf für das Produkt/Angebot entscheiden solltest. Vielen Dank im Voraus, ich weiß das sehr zu schätzen.

30677826R00125

Printed in Poland
by Amazon Fulfillment
Poland Sp. z o.o., Wrocław